Ex Libris – Ex-libris

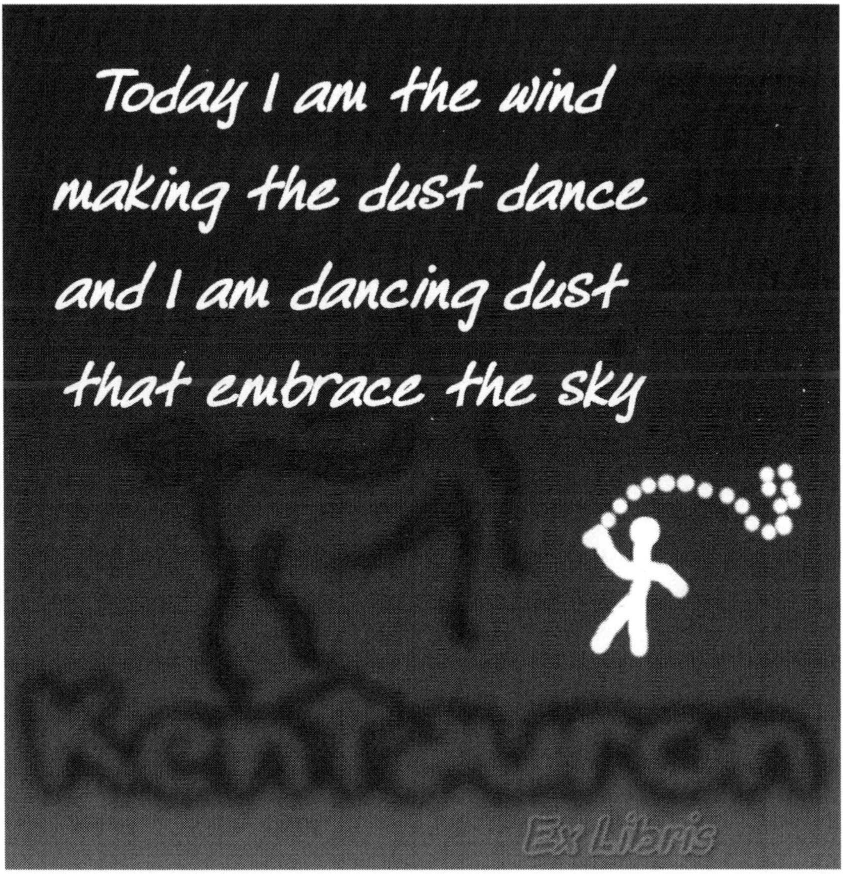
Today I am the wind
making the dust dance
and I am dancing dust
that embrace the sky
Ex Libris

Now this book belongs to you,
but only when you'll read it will it really be yours,
and it will belong to you forever.

A Christmas Carol

In Prose

being

A Ghost Story of Christmas

Cantique de Noël

en prose

Une histoire de fantômes pour Noël

Charles Dickens

Publisher's Notes – Notes de l'éditeur

This ebook is based on the work of Charles Dickens "A Christmas Carol".

The text of the tale is complete and unabridged with all original drawings.

Translation has been made in 1890 by Mlle de Saint-Romain and André de Goy, under the supervision of Paul Lorain. Except for some small paragraphs, marked within the text, that use the translation made by other translators or the translation of the editor.

Editors and proof readers of this edition: Wirton Arvel.

Illustrations by John Leech.

Ex libris is a quote from a poem of the author ("Wandering Among the Stars").

***

Copyright © 2015 Wirton Arvel wirtonarvel@kentauron.com

Digital Edition December 2013
First Printed Edition December 2015

ISBN-13: 978-1522894179
ISBN-10: 1522894179

10 9 8 7 6 5 4 3 2 1

All rights reserved. No part of this publication may be reproduced or transmitted by any means, electronic or mechanical, including photocopying, recording, or any information storage and retrieval system now known or to be invented without prior permission of the copyright holder.

Contents – Sommaire

Preface – *Préface*	ii
Stave One - *Premier couplet*	1
Marley's Ghost	
Le spectre de Marley	
Stave Two - *Deuxième couplet*	31
The First Of The Three Spirits	
Le premier des trois esprits	
Stave Three - *Troisième couplet*	58
The Second Of The Three Spirits	
Le second des trois esprits	
Stave Four - *Quatrième couplet*	94
The Last of the Spirits	
Le dernier esprit	
Stave Five - *Cinquième couplet*	118
The End of It	
La conclusion	
More from Kentauron	130
News and book promotions	132

Preface – Préface

I have endeavoured in this ghostly little book, to raise the ghost of an idea, which shall not put my readers out of humor with themselves, with each other, with the season, or with me. May it haunt their houses pleasantly, and no one wish to lay it.

Their faithful friend and servant,

Je me suis efforcé dans ce petit livre fantomatique, de soulever un fantôme d'idée qui ne mettra pas les lecteurs de mauvaise humeur, ni envers eux-mêmes, ni leurs proches, ni le temps de l'année, ni moi-même. Qu'elle hante plaisamment leur foyer et que personne ne songe à s'en débarrasser.

Leur loyal serviteur et ami,

C. D.
December, 1843 - Décembre 1843

Stave One - Premier couplet

Marley's Ghost

Le spectre de Marley

Marley was dead: to begin with. There is no doubt whatever about that. The register of his burial was signed by the clergyman, the clerk, the undertaker and the chief mourner. Scrooge signed it. And Scrooge's name was good upon 'Change, for anything he chose to put his hand to. Old Marley was as dead as a door-nail.

Mind! I don't mean to say that I know, of my own knowledge, what there is particularly dead about a door-nail. I might have been inclined, myself, to regard a coffin-nail as the deadest piece of ironmongery in the trade. But the wisdom of our ancestors is in the simile; and my unhallowed hands shall not disturb it, or the country's done for. You will therefore permit me to repeat, emphatically, that Marley was as dead as a door-nail.

Marley était mort, pour commencer. Là-dessus, pas l'ombre d'un doute. Le registre mortuaire était signé par le ministre, le clerc, l'entrepreneur des pompes funèbres et celui qui avait mené le deuil. Scrooge l'avait signé, et le nom de Scrooge était bon à la bourse, quel que fût le papier sur lequel il lui plut d'apposer sa signature.
Le vieux Marley était aussi mort qu'un clou de porte. [*]
[* Locution proverbiale en Angleterre.]

Attention ! je ne veux pas dire que je sache par moi-même ce qu'il y a de particulièrement mort dans un clou de porte. J'aurais pu, quant à moi, me sentir porté plutôt à regarder un clou de cercueil comme le morceau de fer le plus mort qui soit dans le commerce ; mais la sagesse de nos ancêtres éclate dans les similitudes, et mes mains profanes n'iront pas toucher à l'arche sainte ; autrement le pays est perdu. Vous me permettrez donc de répéter avec énergie que Marley était aussi mort qu'un clou de porte.

Scrooge knew he was dead? Of course he did. How could it be otherwise? Scrooge and he were partners for I don't know how many years. Scrooge was his sole executor, his sole administrator, his sole assign, his sole residuary legatee, his sole friend and sole mourner. And even Scrooge was not so dreadfully cut up by the sad event, but that he was an excellent man of business on the very day of the funeral, and solemnised it with an undoubted bargain.

The mention of Marley's funeral brings me back to the point I started from. There is no doubt that Marley was dead. This must be distinctly understood, or nothing wonderful can come of the story I am going to relate. If we were not perfectly convinced that Hamlet's father died before the play began, there would be nothing more remarkable in his taking a stroll at night, in an easterly wind, upon his own ramparts, than there would be in any other middle-aged gentleman rashly turning out after dark in a breezy spot -- say Saint Paul's Churchyard for instance -- literally to astonish his son's weak mind.

Scrooge never painted out old Marley's name. There it stood, years afterwards, above the warehouse door: Scrooge and Marley. The firm was known as Scrooge and Marley. Sometimes people new to the business called Scrooge Scrooge, and sometimes Marley, but he answered to both names. It was all the same to him.

Oh! But he was a tight-fisted hand at the grindstone, Scrooge! A squeezing, wrenching, grasping, scraping, clutching, covetous old

Scrooge savait-il qu'il fût mort ? Sans contredits. Comment aurait-il pu en être autrement ? Scrooge et lui étaient associés depuis je ne sais combien d'années. Scrooge était son seul exécuteur testamentaire, le seul administrateur de son bien, son seul légataire universel, son unique ami, le seul qui eût suivi son convoi. Quoiqu'à dire vrai il ne fût pas si terriblement bouleversé par ce triste événement, qu'il ne se montrât un habile homme d'affaires le jour même des funérailles et qu'il ne l'eût solennisé par un marché des plus avantageux.

La mention des funérailles de Marley me ramène à mon point de départ. Marley était mort : ce point est hors de doute, et ceci doit être parfaitement compris ; autrement l'histoire que je vais raconter ne pourrait rien avoir de merveilleux. Si nous n'étions bien convaincus que le père d'Hamlet est mort, avant que la pièce commence, il ne serait pas plus étrange de le voir rôder la nuit, par un vent d'est, sur les remparts de sa ville, que de voir tout autre monsieur d'un âge mûr se promener mal à propos au milieu des ténèbres, dans un lieu rafraîchi par la bise, comme serait, par exemple, le cimetière de Saint-Paul, simplement pour frapper d'étonnement l'esprit faible de son fils.

Scrooge n'effaça jamais le nom du vieux Marley. Il était encore inscrit, plusieurs années après, au-dessus de la porte du magasin : Scrooge et Marley. La maison de commerce était connue sous la raison Scrooge et Marley. Quelquefois des gens peu au courant des affaires l'appelaient Scrooge-Scrooge, quelquefois Marley tout court ; mais il répondait également à l'un et à l'autre nom ; pour lui c'était tout un.

Oh ! il tenait bien le poing fermé sur la meule, le bonhomme Scrooge ! Le vieux pécheur était un avare qui savait saisir fortement, arracher, tordre, pressurer,

sinner! Hard and sharp as flint, from which no steel had ever struck out generous fire; secret and self-contained, and solitary as an oyster. The cold within him froze his old features, nipped his pointed nose, shrivelled his cheek, stiffened his gait; made his eyes red, his thin lips blue; and spoke out shrewdly in his grating voice. A frosty rime was on his head, and on his eyebrows, and his wiry chin. He carried his own low temperature always about with him; he iced his office in the dog-days; and didn't thaw it one degree at Christmas.

External heat and cold had little influence on Scrooge. No warmth could warm, no wintry weather chill him. No wind that blew was bitterer than he, no falling snow was more intent upon its purpose, no pelting rain less open to entreaty. Foul weather didn't know where to have him. The heaviest rain, and snow, and hail, and sleet, could boast of the advantage over him in only one respect. They often "came down" handsomely, and Scrooge never did.

Nobody ever stopped him in the street to say with gladsome looks "My dear Scrooge, how are you? When will you come to see me?". No beggars implored him to bestow a trifle, no children asked him what it was o'clock, no man or woman ever once in all his life inquired the way to such and such a place, of Scrooge. Even the blind men's dogs appeared to know him; and when they saw him coming on, would tug their owners into doorways and up courts; and then would wag their tails as though they

gratter, ne point lâcher surtout ! Dur et tranchant comme une pierre à fusil dont jamais l'acier n'a fait jaillir une étincelle généreuse, secret, renfermé en lui-même et solitaire comme une huître. Le froid qui était au dedans de lui gelait son vieux visage, pinçait son nez pointu, ridait sa joue, rendait sa démarche raide et ses yeux rouges, bleuissait ses lèvres minces et se manifestait au dehors par le son aigre de sa voix. Une gelée blanche recouvrait constamment sa tête, ses sourcils et son menton fin et nerveux. Il portait toujours et partout avec lui sa température au-dessous de zéro ; il glaçait son bureau aux jours caniculaires et ne le dégelait pas d'un degré à Noël.

La chaleur et le froid extérieurs avaient peu d'influence sur Scrooge. Les ardeurs de l'été ne pouvaient le réchauffer, et l'hiver le plus rigoureux ne parvenait pas à le refroidir. Aucun souffle de vent n'était plus âpre que lui. Jamais neige en tombant n'alla plus droit à son but, jamais pluie battante ne fut plus inexorable. Le mauvais temps ne savait par où trouver prise sur lui ; les plus fortes averses, la neige, la grêle, les giboulées ne pouvaient se vanter d'avoir sur lui qu'un avantage : elles tombaient souvent « avec profusion ». Scrooge ne connut jamais ce mot.

Personne ne l'arrêta jamais dans la rue pour lui dire d'un air satisfait : « Mon cher Scrooge, comment vous portez-vous ? Quand viendrez-vous me voir ? » Aucun mendiant n'implorait de lui le plus léger secours, aucun enfant ne lui demandait l'heure. On ne vit jamais personne, soit homme, soit femme, prier Scrooge, une seule fois dans toute sa vie, de lui indiquer le chemin de tel ou tel endroit. Les chiens d'aveugles eux-mêmes semblaient le connaître, et, quand ils le voyaient venir, ils entraînaient leurs maîtres sous les portes cochères et dans les ruelles, puis remuaient la queue comme

said "No eye at all is better than an evil eye, dark master!".

But what did Scrooge care! It was the very thing he liked. To edge his way along the crowded paths of life, warning all human sympathy to keep its distance, was what the knowing ones call "nuts" to Scrooge.

Once upon a time (of all the good days in the year, on Christmas Eve), old Scrooge sat busy in his counting-house. It was cold, bleak, biting weather: foggy withal; and he could hear the people in the court outside, go wheezing up and down, beating their hands upon their breasts, and stamping their feet upon the pavement stones to warm them. The city clocks had only just gone three, but it was quite dark already (it had not been light all day) and candles were flaring in the windows of the neighbouring offices, like ruddy smears upon the palpable brown air. The fog came pouring in at every chink and keyhole, and was so dense without, that although the court was of the narrowest, the houses opposite were mere phantoms. To see the dingy cloud come drooping down, obscuring everything, one might have thought that Nature lived hard by, and was brewing on a large scale.

The door of Scrooge's counting–house was open that he might keep his eye upon his clerk, who in a dismal little cell beyond, a sort of tank, was copying letters. Scrooge had a very small fire, but

pour dire : « Mon pauvre maître aveugle, mieux vaut pas d'œil du tout qu'un mauvais œil ! »

Mais qu'importait à Scrooge. C'était là précisément ce qu'il voulait. Se faire un chemin solitaire le long des grands chemins de la vie fréquentés par la foule, en avertissant les passants par un écriteau qu'ils eussent à se tenir à distance, c'était pour Scrooge du vrai nanan, comme disent les petits gourmands.

Un jour, le meilleur de tous les bons jours de l'année, la veille de Noël, le vieux Scrooge était assis, fort occupé, dans son comptoir. Il faisait un froid vif et perçant, le temps était brumeux, Scrooge pouvait entendre les gens aller et venir dehors, dans la ruelle, soufflant dans leurs doigts, respirant avec bruit, se frappant la poitrine avec les mains et tapant des pieds sur le trottoir, pour les réchauffer. Trois heures seulement venaient de sonner aux horloges de la Cité, et cependant il était déjà presque nuit. Il n'avait pas fait clair de tout le jour, et les lumières qui paraissaient derrière les fenêtres des comptoirs voisins ressemblaient à des taches de graisse rougeâtres qui s'étalaient sur le fond noirâtre d'un air épais et en quelque sorte palpable. Le brouillard pénétrait dans l'intérieur des maisons par toutes les fentes et les trous de serrure ; au dehors il était si dense, que, quoique la rue fût des plus étroites, les maisons d'en face ne paraissaient plus que comme des fantômes. À voir les nuages sombres s'abaisser de plus en plus et répandre sur tous les objets une obscurité profonde, on aurait pu croire que la nature était venue s'établir tout près de là pour y exploiter une brasserie montée sur une vaste échelle.

La porte du comptoir de Scrooge demeurait ouverte, afin qu'il pût avoir l'œil sur son commis qui se tenait un peu plus loin, dans une petite cellule triste, sorte de citerne sombre, occupé à copier des lettres. Scrooge avait un très petit feu,

the clerk's fire was so very much smaller that it looked like one coal. But he couldn't replenish it, for Scrooge kept the coal-box in his own room; and so surely as the clerk came in with the shovel, the master predicted that it would be necessary for them to part. Wherefore the clerk put on his white comforter, and tried to warm himself at the candle; in which effort, not being a man of a strong imagination, he failed.

"A merry Christmas, uncle! God save you!", cried a cheerful voice. It was the voice of Scrooge's nephew, who came upon him so quickly that this was the first intimation he had of his approach.

"Bah!", said Scrooge. "Humbug!"

He had so heated himself with rapid walking in the fog and frost, this nephew of Scrooge's, that he was all in a glow; his face was ruddy and handsome; his eyes sparkled, and his breath smoked again.

"Christmas a humbug, uncle?", said Scrooge's nephew. "You don't mean that, I am sure?"

"I do", said Scrooge. "'Merry Christmas'! What right have you to be merry? What reason have you to be merry? You're poor enough."

"Come, then", returned the nephew gaily. "What right have you to be dismal? What reason have you to be morose? You're rich enough."

Scrooge, having no better answer ready on the spur of the moment, said "Bah!" again and

mais celui du commis était beaucoup plus petit encore : on aurait dit qu'il n'y avait qu'un seul morceau de charbon. Il ne pouvait l'augmenter, car Scrooge gardait la botte à charbon dans sa chambre, et, toutes les fois que le malheureux entrait avec la pelle, son patron ne manquait pas de lui déclarer qu'il serait forcé de le quitter. C'est pourquoi le commis mettait son cache-nez blanc et essayait de se réchauffer à la chandelle ; mais, comme ce n'était pas un homme de grande imaginative, ses efforts demeurèrent superflus.

« *Je vous souhaite un gai Noël, mon oncle, et que Dieu vous garde !* », *cria une voix joyeuse. C'était la voix du neveu de Scrooge, qui était venu le surprendre si vivement que l'autre n'avait pas eu le temps de le voir.*

« *Bah ! dit Scrooge, sottise !* »

Il s'était tellement échauffé dans sa marche raide par ce temps de brouillard et de gelée, le neveu de Scrooge, qu'il en était tout en feu ; son visage était rouge comme une cerise, ses yeux étincelaient, et la vapeur de son haleine était encore toute fumante.

« *Noël, une sottise, mon oncle ! dit le neveu de Scrooge ; ce n'est pas là ce que vous voulez dire, sans doute !*

— Si fait, répondit Scrooge. Un gai Noël ! Quel droit avez-vous d'être gai ? Quelle raison auriez-vous de vous livrer à des gaietés ruineuses ? Vous êtes déjà bien assez pauvre !

— Allons, allons ! reprit gaiement le neveu, quel droit avez-vous d'être triste ? Quelle raison avez-vous de vous livrer à vos chiffres moroses ? Vous êtes déjà bien assez riche !

— Bah ! » *dit encore Scrooge, qui, pour le moment, n'avait pas une meilleure réponse prête ; et son bah ! fut suivi de*

followed it up with "Humbug!".

"Don't be cross, uncle!", said the nephew.

"What else can I be", returned the uncle, "when I live in such a world of fools as this? Merry Christmas! Out upon merry Christmas! What's Christmas time to you but a time for paying bills without money; a time for finding yourself a year older, but not an hour richer; a time for balancing your books and having every item in 'em through a round dozen of months presented dead against you? If I could work my will", said Scrooge indignantly, "every idiot who goes about with 'Merry Christmas' on his lips should be boiled with his own pudding, and buried with a stake of holly through his heart. He should!"

"Uncle!", pleaded the nephew.

"Nephew!", returned the uncle sternly. "Keep Christmas in your own way, and let me keep it in mine."

"Keep it!", repeated Scrooge's nephew. "But you don't keep it."

"Let me leave it alone, then", said Scrooge. "Much good may it do you! Much good it has ever done you!"

"There are many things from which I might have derived good, by which I have not profited, I dare say", returned the nephew. "Christmas among the rest. But I am sure I have always thought of Christmas time, when it has come round—apart from the veneration due to its sacred name and origin, if

l'autre mot : sottise !

« *Ne soyez pas de mauvaise humeur, mon oncle, riposta le neveu.*

— Et comment ne pas l'être, repartit l'oncle lorsqu'on vit dans un monde de fous tel que celui-ci ? Un gai Noël ! Au diable vos gais Noëls ! Qu'est-ce que Noël, si ce n'est une époque où il vous faut payer l'échéance de vos billets, souvent sans avoir d'argent ? un jour où vous vous trouvez plus vieux d'une année et pas plus riche d'une heure ? un jour où, la balance de vos livres établie, vous reconnaissez, après douze mois écoulés, que chacun des articles qui s'y trouvent mentionnés vous a laissé sans le moindre profit ? Si je pouvais en faire à ma tête, continua Scrooge d'un air indigné, tout imbécile qui court les rues avec un gai Noël sur les lèvres serait mis à bouillir dans la marmite avec son propre pouding et enterré avec une branche de houx au travers du cœur. C'est comme ça.

— Mon oncle ! dit le neveu, voulant se faire l'avocat de Noël.

— Mon neveu ! reprit l'oncle sévèrement, fêtez Noël à votre façon, et laissez-moi le fêter à la mienne.

— Fêter Noël ! répéta le neveu de Scrooge ; mais vous ne le fêtez pas, mon oncle.

— Alors laissez-moi ne pas le fêter. Grand bien puisse-t-il vous faire ! Avec cela qu'il vous a toujours fait grand bien !

— Il y a quantité de choses, je l'avoue, dont j'aurais pu retirer quelque bien, sans en avoir profité néanmoins, répondit dit le neveu ; Noël entre autres. Mais au moins ai-je toujours regardé le jour de Noël, quand il est revenu (mettant de côté le respect dû à son nom sacré et à sa divine origine, si l'on peut les mettre de côté en songeant à Noël), comme un beau jour, un

anything belonging to it can be apart from that—as a good time; a kind, forgiving, charitable, pleasant time; the only time I know of, in the long calendar of the year, when men and women seem by one consent to open their shut-up hearts freely, and to think of people below them as if they really were fellow-passengers to the grave, and not another race of creatures bound on other journeys. And therefore, uncle, though it has never put a scrap of gold or silver in my pocket, I believe that it has done me good, and will do me good; and I say, God bless it!"

The clerk in the tank involuntarily applauded. Becoming immediately sensible of the impropriety, he poked the fire, and extinguished the last frail spark for ever.

"Let me hear another sound from you", said Scrooge, "and you'll keep your Christmas by losing your situation! You're quite a powerful speaker, sir", he added, turning to his nephew. "I wonder you don't go into Parliament."

"Don't be angry, uncle. Come! Dine with us tomorrow."

Scrooge said that he would see him—yes, indeed he did. He went the whole length of the expression, and said that he would see him in that extremity first.

"But why?", cried Scrooge's nephew. "Why?"

"Why did you get married?", said Scrooge.

"Because I fell in love."

"Because you fell in love!", growled Scrooge, as if that were the

jour de bienveillance, de pardon, de charité, de plaisir, le seul, dans le long calendrier de l'année, où je sache que tous, hommes et femmes, semblent, par un consentement unanime, ouvrir librement les secrets de leurs cœurs et voir dans les gens au-dessous d'eux de vrais compagnons de voyage sur le chemin du tombeau, et non pas une autre race de créatures marchant vers un autre but. C'est pourquoi, mon oncle, quoiqu'il n'ait jamais mis dans ma poche la moindre pièce d'or ou d'argent, je crois que Noël m'a fait vraiment du bien et qu'il m'en fera encore ; aussi je répète Vive Noël ! »

Le commis, dans sa citerne, applaudit involontairement ; mais, s'apercevant à l'instant même qu'il venait de commettre une inconvenance, il voulut attiser le feu et ne fit qu'en éteindre pour toujours la dernière apparence d'étincelle. »

« Que j'entende encore le moindre bruit de votre côté, dit Scrooge, et vous fêterez votre Noël en perdant votre place. Quant à vous, monsieur, ajouta-t-il en se tournant vers son neveu, vous êtes en vérité un orateur distingué. Je m'étonne que vous n'entriez pas au parlement.

— Ne vous fâchez pas, mon oncle. Allons, venez dîner demain chez nous. »

Scrooge dit qu'il voudrait le voir au… oui, en vérité, il le dit. Il prononça le mot tout entier, et dit qu'il aimerait mieux le voir au d… (Le lecteur finira le mot si cela lui plaît.)

« Mais pourquoi ? s'écria son neveu… Pourquoi ?

— Pourquoi vous êtes-vous marié ? demanda Scrooge.

— Parce que j'aimais celle qui est devenue ma femme.

— Parce que vous l'avez ! grommela Scrooge, comme si c'était la plus grosse

only one thing in the world more ridiculous than a merry Christmas. "Good afternoon!"

"Nay, uncle, but you never came to see me before that happened. Why give it as a reason for not coming now?"

"Good afternoon", said Scrooge.

"I want nothing from you; I ask nothing of you; why cannot we be friends?"

"Good afternoon", said Scrooge.

"I am sorry, with all my heart, to find you so resolute. We have never had any quarrel, to which I have been a party. But I have made the trial in homage to Christmas, and I'll keep my Christmas humour to the last. So a merry Christmas, uncle!"

"Good afternoon!", said Scrooge.

"And a happy New Year!"

"Good afternoon!", said Scrooge.

His nephew left the room without an angry word, notwithstanding. He stopped at the outer door to bestow the greetings of the season on the clerk, who, cold as he was, was warmer than Scrooge; for he returned them cordially.

"There's another fellow", muttered Scrooge; who overheard him: "My clerk, with fifteen shillings a week, and a wife and family, talking about a merry Christmas. I'll retire to Bedlam."

This lunatic, in letting Scrooge's

sottise du monde après le gai Noël. Bonsoir !

— *Mais, mon oncle, vous ne veniez jamais me voir avant mon mariage. Pourquoi vous en faire un prétexte pour ne pas venir maintenant ?*

— *Bonsoir, dit Scrooge.*

— *Je ne désire rien de vous ; je ne vous demande rien. Pourquoi ne serions-nous pas amis ?*

— *Bonsoir, dit Scrooge.*

— *Je suis peiné, bien sincèrement peiné de vous voir si résolu. Nous n'avons jamais eu rien l'un contre l'autre, au moins de mon côté. Mais j'ai fait cette tentative pour honorer Noël, et je garderai ma bonne humeur de Noël jusqu'au bout. Ainsi, un gai Noël, mon oncle !*

— *Bonsoir, dit Scrooge.*

— *Et je vous souhaite aussi la bonne année !*

— *Bonsoir, » répéta Scrooge.*

Son neveu quitta la chambre sans dire seulement un mot de mécontentement. Il s'arrêta à la porte d'entrée pour faire ses souhaits de bonne année au commis, qui, bien que gelé, était néanmoins plus chaud que Scrooge, car il les lui rendit cordialement.

« Voilà un autre fou, murmura Scrooge, qui l'entendit de sa place : mon commis, avec quinze schellings par semaine, une femme et des enfants, parlant d'un gai Noël. Il y a de quoi se retirer aux Petites-Maisons. »

Ce fou fieffé donc, en allant reconduire

nephew out, had let two other people in. They were portly gentlemen, pleasant to behold, and now stood, with their hats off, in Scrooge's office. They had books and papers in their hands, and bowed to him.

"Scrooge and Marley's, I believe", said one of the gentlemen, referring to his list. "Have I the pleasure of addressing Mr. Scrooge or Mr. Marley?"

"Mr. Marley has been dead these seven years", Scrooge replied. "He died seven years ago, this very night."

"We have no doubt his liberality is well represented by his surviving partner", said the gentleman, presenting his credentials.

It certainly was; for they had been two kindred spirits. At the ominous word "liberality", Scrooge frowned, and shook his head, and handed the credentials back.

"At this festive season of the year, Mr. Scrooge", said the gentleman, taking up a pen, "it is more than usually desirable that we should make some slight provision for the poor and destitute, who suffer greatly at the present time. Many thousands are in want of common necessaries; hundreds of thousands are in want of common comforts, sir."

"Are there no prisons?", asked Scrooge.

"Plenty of prisons", said the gentleman, laying down the pen again.

"And the Union workhouses?", demanded Scrooge. "Are they still in operation?"

le neveu le Scrooge, avait introduit deux autres personnes. C'étaient deux messieurs de bonne mine, d'une figure avenante, qui se tenaient en ce moment, chapeau bas, dans le bureau de Scrooge. Ils avaient à la main des registres et des papiers, et le saluèrent.

« Scrooge et Marley, je crois ? dit l'un d'eux en consultant sa liste. Est-ce à M. Scrooge ou à M. Marley que j'ai le plaisir de parler ?

— M. Marley est mort depuis sept ans, répondit Scrooge. Il y a juste sept ans qu'il est mort, cette nuit même.

— Nous ne doutons pas que sa générosité ne soit bien représentée par son associé survivant, » dit l'étranger en présentant ses pouvoirs pour quêter.

Elle l'était certainement ; car les deux associés se ressemblaient comme deux gouttes d'eau. Au mot fâcheux de générosité, Scrooge fronça le sourcil, hocha la tête et rendit au visiteur ses certificats.

« À cette époque joyeuse de l'année, monsieur Scrooge, dit celui-ci en prenant une plume, il est plus désirable encore que d'habitude que nous puissions recueillir un léger secours pour les pauvres et les indigents qui souffrent énormément dans la saison où nous sommes. Il y en a des milliers qui manquent du plus strict nécessaire, et des centaines de mille qui n'ont pas à se donner le plus léger bien-être.

— N'y a-t-il pas des prisons ? demanda Scrooge.

— Oh ! en très grand nombre, dit l'étranger, laissant retomber sa plume.

— Et les maisons de refuge, continua Scrooge, ne sont-elles plus en activité ?

"They are. Still", returned the gentleman, "I wish I could say they were not."

"The Treadmill and the Poor Law are in full vigour, then?", said Scrooge.

"Both very busy, sir."

"Oh! I was afraid, from what you said at first, that something had occurred to stop them in their useful course", said Scrooge. "I'm very glad to hear it."

"Under the impression that they scarcely furnish Christian cheer of mind or body to the multitude", returned the gentleman, "a few of us are endeavouring to raise a fund to buy the poor some meat and drink, and means of warmth. We choose this time, because it is a time, of all others, when want is keenly felt, and abundance rejoices. What shall I put you down for?"

"Nothing!", Scrooge replied.

"You wish to be anonymous?"

"I wish to be left alone", said Scrooge. "Since you ask me what I wish, gentlemen, that is my answer. I don't make merry myself at Christmas and I can't afford to make idle people merry. I help to support the establishments I have mentioned—they cost enough; and those who are badly off must go there."

"Many can't go there; and many would rather die."

"If they would rather die", said Scrooge, "they had better do it, and decrease the surplus population. Besides—excuse me—I don't know

— Pardon, monsieur, répondit l'autre ; et plût à Dieu qu'elles ne le fussent pas !

— Le moulin de discipline et la loi des pauvres sont toujours en pleine vigueur, alors ? dit Scrooge.

— Toujours ; et ils ont fort à faire tous les deux.

— Oh ! j'avais craint, d'après ce que vous me disiez d'abord, que quelque circonstance imprévue ne fût venue entraver la marche de ces utiles institutions. Je suis vraiment ravi d'apprendre le contraire, dit Scrooge.

— Persuadés qu'elles ne peuvent guère fournir une satisfaction chrétienne du corps et de l'âme à la multitude, quelques-uns d'entre nous s'efforcent de réunir une petite somme pour acheter aux pauvres un peu de viande et de bière, avec du charbon pour se chauffer. Nous choisissons cette époque, parce que c'est, de toute l'année, le temps où le besoin se fait le plus vivement sentir, et où l'abondance fait le plus de plaisir. Pour combien vous inscrirai-je ?

— Pour rien ! répondit Scrooge.

— Vous désirez garder l'anonymât.

— Je désire qu'on me laisse en repos. Puisque vous me demandez ce que je désire, messieurs, voilà ma réponse. Je ne me réjouis pas moi-même à Noël, et je ne puis fournir aux paresseux les moyens de se réjouir. J'aide à soutenir les établissements dont je vous parlais tout à l'heure ; ils coûtent assez cher : ceux qui ne se trouvent pas bien ailleurs n'ont qu'à y aller.

— Il y en a beaucoup qui ne le peuvent pas, et beaucoup d'autres qui aimeraient mieux mourir.

— S'ils aiment mieux mourir, reprit Scrooge, ils feraient très bien de suivre cette idée et de diminuer l'excédent de la population. Au reste, excusez-moi ; je ne

that."

"But you might know it", observed the gentleman.

"It's not my business", Scrooge returned. "It's enough for a man to understand his own business, and not to interfere with other people's. Mine occupies me constantly. Good afternoon, gentlemen!"

Seeing clearly that it would be useless to pursue their point, the gentlemen withdrew. Scrooge resumed his labours with an improved opinion of himself, and in a more facetious temper than was usual with him.

Meanwhile the fog and darkness thickened so, that people ran about with flaring links, proffering their services to go before horses in carriages, and conduct them on their way. The ancient tower of a church, whose gruff old bell was always peeping slily down at Scrooge out of a Gothic window in the wall, became invisible, and struck the hours and quarters in the clouds, with tremulous vibrations afterwards as if its teeth were chattering in its frozen head up there. The cold became intense. In the main street, at the corner of the court, some labourers were repairing the gas-pipes, and had lighted a great fire in a brazier, round which a party of ragged men and boys were gathered: warming their hands and winking their eyes before the blaze in rapture. The water-plug being left in solitude, its overflowings sullenly congealed, and turned to misanthropic ice. The brightness of the shops where holly sprigs and berries crackled in the lamp heat of the windows, made pale faces ruddy as they passed. Poulterers' and grocers' trades

connais pas tout ça.

— Mais il vous serait facile de le connaître, fit observer l'étranger.

— Ce n'est pas ma besogne, répliqua Scrooge. Un homme a bien assez de faire ses propres affaires, sans se mêler de celles des autres. Les miennes prennent tout mon temps. Bonsoir, messieurs. »

Voyant clairement qu'il serait inutile de poursuivre leur requête, les deux étrangers se retirèrent. Scrooge se remit au travail, de plus en plus content de lui, et d'une humeur plus enjouée qu'à son ordinaire.

Cependant le brouillard et l'obscurité s'épaississaient tellement, que l'on voyait des gens courir çà et là par les rues avec des torches allumées, offrant leurs services aux cochers, pour marcher devant les chevaux et les guider dans leur chemin. L'antique tour d'une église, dont la vieille cloche renfrognée avait toujours l'air de regarder Scrooge curieusement à son bureau par une fenêtre gothique pratiquée dans le mur, devint invisible et sonna les heures, les demies et les quarts dans les nuages avec des vibrations tremblantes et prolongées, comme si ses dents eussent claqué là-haut dans sa tête gelée. Le froid devint intense dans la rue même. Au coin de la cour, quelques ouvriers, occupés à réparer les conduits du gaz, avaient allumé un énorme brasier, autour duquel se pressaient une foule d'hommes et d'enfants déguenillés, se chauffant les mains et clignant les yeux devant la flamme avec un air de ravissement. Le robinet de la fontaine était délaissé et les eaux refoulées qui s'étaient congelées tout autour de lui formaient comme un cadre de glace misanthropique, qui faisait horreur à voir. Les lumières brillantes des magasins, où les branches et les baies de houx pétillaient à la chaleur des becs de gaz placés derrière les fenêtres, jetaient sur les visages pâles

became a splendid joke: a glorious pageant, with which it was next to impossible to believe that such dull principles as bargain and sale had anything to do. The Lord Mayor, in the stronghold of the mighty Mansion House, gave orders to his fifty cooks and butlers to keep Christmas as a Lord Mayor's household should; and even the little tailor, whom he had fined five shillings on the previous Monday for being drunk and bloodthirsty in the streets, stirred up tomorrow's pudding in his garret, while his lean wife and the baby sallied out to buy the beef.

Foggier yet, and colder. Piercing, searching, biting cold. If the good Saint Dunstan had but nipped the Evil Spirit's nose with a touch of such weather as that, instead of using his familiar weapons, then indeed he would have roared to lusty purpose. The owner of one scant young nose, gnawed and mumbled by the hungry cold as bones are gnawed by dogs, stooped down at Scrooge's keyhole to regale him with a Christmas carol: but at the first sound of

*"God bless you,
merry gentlemen!*

*May nothing
you dismay!",*

Scrooge seized the ruler with such energy of action, that the singer fled in terror, leaving the keyhole to the fog and even more

des passants un reflet rougeâtre. Les boutiques de marchands de volailles et d'épiciers étaient devenues comme un décor splendide, un glorieux spectacle, qui ne permettait pas de croire que la vulgaire pensée de négoce et de trafic eût rien à démêler avec ce luxe inusité. Le lord-maire, dans sa puissante forteresse de Mansion-House, donnait ses ordres à ses cinquante cuisiniers et à ses cinquante sommeliers pour fêter Noël, comme doit le faire la maison d'un lord-maire ; et même le petit tailleur qu'il avait condamné, le lundi précédent, à une amende de cinq schellings pour s'être laissé arrêter dans les rues, ivre et faisant un tapage infernal, préparait tout dans son galetas pour le pouding du lendemain tandis que sa maigre moitié sortait, avec son maigre nourrisson dans les bras, pour aller acheter à la boucherie le morceau de bœuf indispensable.

Cependant le brouillard redouble, le froid redouble ! un froid vif, âpre, pénétrant. Si le bon saint Dunstan avait seulement pincé le nez du diable avec un temps pareil, au lieu de se servir de ses armes familières, c'est pour le coup que le malin esprit n'aurait pas manqué de pousser des hurlements. Le propriétaire d'un jeune nez, petit, rongé, mâché par le froid affamé, comme les os sont rongés par les chiens, se baissa devant le trou de la serrure de Scrooge pour le régaler d'un chant de Noël ; mais au premier mot de

Dieu vous aide, mon
gai monsieur !

Que rien ne trouble
votre cœur !

Scrooge saisit sa règle avec un geste si énergique que le chanteur s'enfuit épouvanté, abandonnant le trou de la serrure au brouillard et aux frimas qui semblèrent s'y précipiter vers Scrooge par

congenial frost.

At length the hour of shutting up the counting–house arrived. With an ill–will Scrooge dismounted from his stool, and tacitly admitted the fact to the expectant clerk in the tank, who instantly snuffed his candle out, and put on his hat.

"You'll want all day tomorrow, I suppose?", said Scrooge.

"If quite convenient, sir."

"It's not convenient", said Scrooge, "and it's not fair. If I was to stop you half–a–crown for it, you'd think yourself ill–used, I'll be bound?"

The clerk smiled faintly.

"And yet", said Scrooge, "you don't think me ill–used, when I pay a day's wages for no work."

The clerk observed that it was only once a year.

"A poor excuse for picking a man's pocket every twenty–fifth of December!", said Scrooge, buttoning his great–coat to the chin. "But I suppose you must have the whole day. Be here all the earlier next morning."

The clerk promised that he would; and Scrooge walked out with a growl. The office was closed in a twinkling, and the clerk, with the long ends of his white comforter dangling below his waist (for he boasted no great–coat), went down a slide on Cornhill, at the end of a lane of boys, twenty times, in honour of its being Christmas Eve, and then ran home to Camden Town as hard as he

sympathie.

Enfin l'heure de fermer le comptoir arriva. Scrooge descendit de son tabouret d'un air bourru, paraissant donner ainsi le signal tacite du départ au commis qui attendait dans la citerne et qui, éteignant aussitôt sa chandelle, mit son chapeau sur sa tête.

« Vous voudriez avoir toute la journée de demain, je suppose ? dit Scrooge.

— Si cela vous convenait, monsieur.

— Cela ne me convient nullement, et ce n'est point juste. Si je vous retenais une demi-couronne pour ce jour-là, vous vous croiriez lésé, j'en suis sûr. »

Le commis sourit légèrement.

« Et cependant, dit Scrooge, vous ne me regardez pas comme lésé, moi, si je vous paye une journée pour ne rien faire. »

Le commis fit observer que cela n'arrivait qu'une fois l'an.

« Pauvre excuse pour mettre la main dans la poche d'un homme tous les 20 décembre, dit Scrooge en boutonnant sa redingote jusqu'au menton. Mais je suppose qu'il vous faut la journée tout entière ; tâchez au moins de m'en dédommager en venant de bonne heure après-demain matin. »

Le commis le promit et Scrooge sortit en grommelant. Le comptoir fut fermé en un clin d'œil, et le commis, les deux bouts de son cache-nez blanc pendant jusqu'au bas de sa veste (car il n'élevait pas ses prétentions jusqu'à porter une redingote), se mit à glisser une vingtaine de fois sur le trottoir de Cornhill, à la suite d'une bande de gamins, en l'honneur de la veille de Noël, et, se dirigeant ensuite vers sa demeure à Camden-Town, à y arriva toujours courant de toutes ses forces pour

could pelt, to play at blindman's-buff.

Scrooge took his melancholy dinner in his usual melancholy tavern; and having read all the newspapers, and beguiled the rest of the evening with his banker's-book, went home to bed. He lived in chambers which had once belonged to his deceased partner. They were a gloomy suite of rooms, in a lowering pile of a building up a yard, where it had so little business to be, that one could scarcely help fancying it must have run there when it was a young house, playing at hide–and–seek with other houses, and forgotten the way out again. It was old enough now, and dreary enough, for nobody lived in it but Scrooge, the other rooms being all let out as offices. The yard was so dark that even Scrooge, who knew its every stone, was fain to grope with his hands. The fog and frost so hung about the black old gateway of the house, that it seemed as if the Genius of the Weather sat in mournful meditation on the threshold.

Now, it is a fact, that there was nothing at all particular about the knocker on the door, except that it was very large. It is also a fact, that Scrooge had seen it, night and morning, during his whole residence in that place; also that Scrooge had as little of what is called fancy about him as any man in the city of London, even including—which is a bold word—the corporation, aldermen, and livery. Let it also be borne in mind that Scrooge had not bestowed one thought on Marley, since his last mention of his seven years' dead partner that afternoon. And then let

jouer à colin-maillard.

Scrooge prit son triste dîner dans la taverne où il mangeait d'ordinaire. Ayant lu tous les journaux et charmé le reste de la soirée en parcourant son livre de comptes, il alla chez lui pour se coucher. Il habitait un appartement occupé autrefois par feu son associé. C'était une enfilade de chambres obscures qui faisaient partie d'un vieux bâtiment sombre, situé à l'extrémité d'une ruelle où il avait si peu de raison d'être, qu'on ne pouvait s'empêcher de croire qu'il était venu se blottir là un jour que, dans sa jeunesse, il jouait à cache-cache avec d'autres maisons et ne s'était plus ensuite souvenu de son chemin. Il était alors assez vieux et assez triste, car personne n'y habitait, excepté Scrooge, tous les autres appartements étant loués, pour servir de comptoirs ou de bureaux. La cour était si obscure, que Scrooge lui-même, quoiqu'il en connût parfaitement chaque pavé, fut obligé de tâtonner avec les mains. Le brouillard et les frimas enveloppaient tellement la vieille porte sombre de la maison, qu'il semblait que le génie de l'hiver se tînt assis sur le seuil, absorbé dans ses tristes méditations.

Le fait est qu'il n'y avait absolument rien de particulier dans le marteau de la porte, sinon qu'il était trop gros ; le fait est encore que Scrooge l'avait vu soir et matin, chaque jour, depuis qu'il demeurait en ce lieu ; qu'en outre Scrooge possédait aussi peu de ce qu'on appelle imagination qu'aucun habitant de la Cité de Londres, y compris même, je crains d'être un peu téméraire, la corporation, les aldermen et les notables. Il faut bien aussi se mettre dans l'esprit que Scrooge n'avait pas pensé une seule fois à Marley, depuis qu'il avait, cette après-midi même, fait mention de la mort de son ancien associé, laquelle remontait à sept ans. Qu'on m'explique alors, si on le peut, comment il se fit que

any man explain to me, if he can, how it happened that Scrooge, having his key in the lock of the door, saw in the knocker, without its undergoing any intermediate process of change—not a knocker, but Marley's face.

Marley's face. It was not in impenetrable shadow as the other objects in the yard were, but had a dismal light about it, like a bad lobster in a dark cellar. It was not angry or ferocious, but looked at Scrooge as Marley used to look: with ghostly spectacles turned up on its ghostly forehead. The hair was curiously stirred, as if by breath or hot air; and, though the eyes were wide open, they were perfectly motionless. That, and its livid colour, made it horrible; but its horror seemed to be in spite of the face and beyond its control, rather than a part of its own expression.

As Scrooge looked fixedly at this phenomenon, it was a knocker again.

To say that he was not startled, or that his blood was not conscious of a terrible sensation to which it had been a stranger from infancy, would be untrue. But he put his hand upon the key he had relinquished, turned it sturdily, walked in, and lighted his candle.

He did pause, with a moment's irresolution, before he shut the door; and he did look cautiously behind it first, as if he half-expected to be terrified with the sight of Marley's pigtail sticking out into the hall. But there was nothing on the back of the door, except the

Scrooge, au moment où il mit la clef dans la serrure, vit dans le marteau, sans avoir prononcé aucune parole magique pour le transformer, non plus un marteau, mais la figure de Marley.

Oui, vraiment, la figure de Marley ! Ce n'était pas une ombre impénétrable comme les autres objets de la cour, elle paraissait au contraire entourée d'une lueur sinistre, semblable à un homard avarié dans une cave obscure. Son expression n'avait rien qui rappelât la colère ou la férocité, mais elle regardait Scrooge comme Marley avait coutume de le faire, avec des lunettes de spectre relevées sur son front de revenant. La chevelure était curieusement soulevée comme par un souffle ou une vapeur chaude, et, quoique les yeux fussent tout grands ouverts, ils demeuraient parfaitement immobiles. Cette circonstance et sa couleur livide la rendaient horrible ; mais l'horreur qu'éprouvait Scrooge à sa vue ne semblait pas du fait de la figure, elle venait plutôt de lui-même et ne tenait pas à l'expression de la physionomie du défunt.

Lorsqu'il eût considéré fixement ce phénomène, il n'y trouva plus qu'un marteau.

Dire qu'il ne tressaillit pas ou qu'il ne ressentit point une impression terrible à laquelle il avait été étranger depuis son enfance, serait un mensonge. Mais il mit la main sur la clef, qu'il avait lâchée d'abord, la tourna brusquement, entra et alluma sa chandelle.

Il s'arrêta, un moment irrésolu, avant de fermer la porte, et commença par regarder avec précaution derrière elle comme s'il se fût presque attendu à être épouvanté par la vue de la queue effilée de Marley s'avançant jusque dans le vestibule. Mais il n'y avait rien derrière la porte, excepté les écrous et les vis qui y

screws and nuts that held the knocker on, so he said "Pooh, pooh!" and closed it with a bang.

The sound resounded through the house like thunder. Every room above, and every cask in the wine-merchant's cellars below, appeared to have a separate peal of echoes of its own. Scrooge was not a man to be frightened by echoes. He fastened the door, and walked across the hall, and up the stairs; slowly too: trimming his candle as he went.

You may talk vaguely about driving a coach–and–six up a good old flight of stairs, or through a bad young Act of Parliament; but I mean to say you might have got a hearse up that staircase, and taken it broadwise, with the splinter–bar towards the wall and the door towards the balustrades: and done it easy. There was plenty of width for that, and room to spare; which is perhaps the reason why Scrooge thought he saw a locomotive hearse going on before him in the gloom. Half–a–dozen gas–lamps out of the street wouldn't have lighted the entry too well, so you may suppose that it was pretty dark with Scrooge's dip.

Up Scrooge went, not caring a button for that. Darkness is cheap, and Scrooge liked it. But before he shut his heavy door, he walked through his rooms to see that all was right. He had just enough recollection of the face to desire to do that.

Sitting–room, bedroom, lumber–room. All as they should be. Nobody under the table, nobody under the sofa; a small fire in the grate; spoon and basin ready;

fixaient le marteau ; ce que voyant, il dit : « Bah ! bah ! » en la poussant avec violence.

Le bruit résonna dans toute la maison comme un tonnerre. Chaque chambre au-dessus et chaque futaille au-dessous, dans la cave du marchand de vin, semblait rendre un son particulier pour faire sa partie dans ce concert d'échos. Scrooge n'était pas homme à se laisser effrayer par des échos. Il ferma solidement la porte, traversa le vestibule et monta l'escalier, prenant le temps d'ajuster sa chandelle, chemin faisant.

Vous parlez des bons vieux escaliers d'autrefois par où l'on aurait fait monter facilement un carrosse à six chevaux ou le cortège d'un petit acte du parlement ; mais moi, je vous dis que celui de Scrooge était bien autre chose ; vous auriez pu y faire monter un corbillard, en le prenant dans sa plus grande largeur, la barre d'appui contre le mur, et la portière du côté de la rampe, et c'eût été chose facile : il y avait bien assez de place pour cela et plus encore qu'il n'en fallait. Voilà peut-être pourquoi Scrooge crut voir marcher devant lui, dans l'obscurité, un convoi funèbre. Une demi-douzaine des becs de gaz de la rue auraient eu peine à éclairer suffisamment le vestibule ; vous pouvez donc supposer qu'il y faisait joliment sombre avec la chandelle de Scrooge.

Il montait toujours, ne s'en souciant pas plus que de rien du tout. L'obscurité ne coûte pas cher, c'est pour cela que Scrooge ne la détestait pas. Mais, avant de fermer sa lourde porte, il parcourut les pièces de son appartement pour voir si tout était en ordre. C'était peut-être un souvenir inquiet de la mystérieuse figure qui lui trottait dans la tête.

Le salon, la chambre à coucher, la chambre de débarras, tout se trouvait en ordre. Personne sous la table, personne sous le sofa ; un petit feu dans la grille ; la cuiller et la tasse prêtes ; et sur le feu la

and the little saucepan of gruel (Scrooge had a cold in his head) upon the hob. Nobody under the bed; nobody in the closet; nobody in his dressing-gown, which was hanging up in a suspicious attitude against the wall. Lumber-room as usual. Old fire-guards, old shoes, two fish-baskets, washing-stand on three legs, and a poker.

Quite satisfied, he closed his door, and locked himself in; double-locked himself in, which was not his custom. Thus secured against surprise, he took off his cravat; put on his dressing-gown and slippers, and his nightcap; and sat down before the fire to take his gruel.

It was a very low fire indeed; nothing on such a bitter night. He was obliged to sit close to it, and brood over it, before he could extract the least sensation of warmth from such a handful of fuel. The fireplace was an old one, built by some Dutch merchant long ago, and paved all round with quaint Dutch tiles, designed to illustrate the Scriptures. There were Cains and Abels, Pharaoh's daughters; Queens of Sheba, Angelic messengers descending through the air on clouds like feather-beds, Abrahams, Belshazzars, Apostles putting off to sea in butter-boats, hundreds of figures to attract his thoughts—and yet that face of Marley, seven years dead, came like the ancient Prophet's rod, and swallowed up the whole. If each smooth tile had been a blank at first, with power to shape some picture on its surface from the disjointed fragments of his thoughts, there would have been a copy of old Marley's head on every

petite casserole d'eau de gruau (car Scrooge avait un rhume de cerveau). Personne sous son lit, personne dans le cabinet, personne dans sa robe de chambre suspendue contre la muraille dans une attitude suspecte. La chambre de débarras comme d'habitude : un vieux garde-feu, de vieilles savates, deux paniers à poisson, un lavabo sur trois pieds et un fourgon.

Parfaitement rassuré, Scrooge tira sa porte et s'enferma à double tour, ce qui n'était point son habitude. Ainsi garanti de toute surprise, il ôta sa cravate mit sa robe de chambre, ses pantoufles et son bonnet de nuit, et s'assit devant le feu pour prendre son gruau.

C'était, en vérité, un très petit feu, si peu que rien pour une nuit si froide. Il fut obligé de s'asseoir tout près et de le couver en quelque sorte, avant de pouvoir extraire la moindre sensation de chaleur d'un feu si mesquin qu'il aurait tenu dans la main. Le foyer ancien avait été construit, il y a longtemps, par quelque marchand hollandais, et garni tout autour de plaques flamandes sur lesquelles on avait représenté des scènes de l'Écriture. Il y avait des Caïn et des Abel, des filles de Pharaon, des reines de Saba, des messagers angéliques descendant au travers des airs sur des nuages semblables à des lits de plume, des Abraham, des Balthazar, des apôtres s'embarquant dans des bateaux en forme de saucières, des centaines de figures capables de distraire sa pensée ; et cependant ce visage de Marley, mort depuis sept ans, venait, comme la baguette de l'ancien prophète, absorber tout le reste. Si chacune de ces plaques vernies eût commencé par être un cadre vide avec le pouvoir de représenter sur sa surface unie quelques formes composées des fragments épars des pensées de Scrooge, chaque carreau aurait offert une copie de

one.

"Humbug!", said Scrooge; and walked across the room.

After several turns, he sat down again. As he threw his head back in the chair, his glance happened to rest upon a bell, a disused bell, that hung in the room, and communicated for some purpose now forgotten with a chamber in the highest story of the building. It was with great astonishment, and with a strange, inexplicable dread, that as he looked, he saw this bell begin to swing. It swung so softly in the outset that it scarcely made a sound; but soon it rang out loudly, and so did every bell in the house.

This might have lasted half a minute, or a minute, but it seemed an hour. The bells ceased as they had begun, together. They were succeeded by a clanking noise, deep down below; as if some person were dragging a heavy chain over the casks in the wine–merchant's cellar. Scrooge then remembered to have heard that ghosts in haunted houses were described as dragging chains.

The cellar–door flew open with a booming sound, and then he heard the noise much louder, on the floors below; then coming up the stairs; then coming straight towards his door.

"It's humbug still!", said Scrooge. "I won't believe it."

His colour changed though, when, without a pause, it came on through the heavy door, and passed into the room before his eyes.

la tête du vieux Marley.

« Sottise ! », dit Scrooge ; et il se mit à marcher dans la chambre de long en large.

Après plusieurs tours, il se rassit. Comme il se renversait la tête dans son fauteuil, son regard s'arrêta par hasard sur une sonnette hors de service, suspendue dans la chambre et qui, pour quelque dessein depuis longtemps oublié, communiquait avec une pièce située au dernier étage de la maison. Ce fut avec une extrême surprise, avec une terreur étrange, inexplicable, qu'au moment où il la regardait, il vit cette sonnette commencer à se mettre en mouvement. Elle s'agita d'abord si doucement, qu'à peine rendit-elle un son ; mais bientôt elle sonna à double carillon, et toutes les autres sonnettes de la maison se mirent de la partie.

Cela ne dura peut-être qu'une demi-minute ou une minute au plus, mais cette minute pour Scrooge fut aussi longue qu'une heure. Les sonnettes s'arrêtèrent comme elles avaient commencé, toutes en même temps. Leur bruit fut remplacé par un choc de ferrailles venant de profondeurs souterraines, comme si quelqu'un traînait une lourde chaîne sur les tonneaux, dans la cave du marchand de vin. Scrooge se souvint alors d'avoir ouï dire que, dans les maisons hantées par les revenants, ils traînaient toujours des chaînes après eux.

La porte de la cave s'ouvrit avec un horrible fracas, et alors il entendit le bruit devenir beaucoup plus fort au rez-de-chaussée, puis monter l'escalier, et enfin s'avancer directement vers sa porte.

« Sottise encore que tout cela ! dit Scrooge ; je ne veux pas y croire. »

Il changea cependant de couleur lorsque, sans le moindre temps d'arrêt, le spectre traversa la porte massive et, pénétrant dans la chambre, passa devant

Upon its coming in, the dying flame leaped up, as though it cried "I know him; Marley's Ghost!" and fell again.

ses yeux. Au moment où il entrait, la flamme mourante se releva comme pour crier : « Je le reconnais ! c'est le spectre de Marley ! », puis elle retomba.

(Marley's Ghost) – (Le fantôme de Marley)

The same face: the very same. Marley in his pigtail, usual waistcoat, tights and boots; the tassels on the latter bristling, like his pigtail, and his coat–skirts, and the hair upon his head. The chain he

Le même visage, absolument le même : Marley avec sa queue effilée, son gilet ordinaire, ses pantalons collants et ses bottes dont les glands de soie se balançaient en mesure avec sa queue, les pans de son habit et son toupet. La chaîne

drew was clasped about his middle. It was long, and wound about him like a tail; and it was made (for Scrooge observed it closely) of cash–boxes, keys, padlocks, ledgers, deeds, and heavy purses wrought in steel. His body was transparent; so that Scrooge, observing him, and looking through his waistcoat, could see the two buttons on his coat behind.

Scrooge had often heard it said that Marley had no bowels, but he had never believed it until now.

No, nor did he believe it even now. Though he looked the phantom through and through, and saw it standing before him; though he felt the chilling influence of its death–cold eyes; and marked the very texture of the folded kerchief bound about its head and chin, which wrapper he had not observed before; he was still incredulous, and fought against his senses.

"How now!", said Scrooge, caustic and cold as ever. "What do you want with me?"

"Much!"—Marley's voice, no doubt about it.

"Who are you?"

"Ask me who I was."

"Who were you then?", said Scrooge, raising his voice. "You're particular, for a shade." He was going to say "to a shade", but substituted this, as more appropriate.

"In life I was your partner, Jacob Marley."

"Can you—can you sit down?", asked Scrooge, looking doubtfully

qu'il traînait était passée autour de sa ceinture ; elle était longue, tournait autour de lui comme une queue, et était faite (car Scrooge la considéra de près) de coffres-forts, de clefs, de cadenas, de grands-livres, de paperasses et de bourses pesantes en acier. Son corps était transparent, si bien que Scrooge, en l'observant et regardant à travers son gilet, pouvait voir les deux boutons cousus par derrière à la taille de son habit.

Scrooge avait souvent entendu dire que Marley n'avait pas d'entrailles, mais il ne l'avait jamais cru jusqu'alors.

Non, et même il ne le croyait pas encore. Quoique son regard pût traverser le fantôme d'outre en outre, quoiqu'il le vît là debout devant lui, quoiqu'il sentît l'influence glaciale de ses yeux glacés par la mort, quoiqu'il remarquât jusqu'au tissu du foulard plié qui lui couvrait la tête, en passant sous son menton, et auquel il n'avait point pris garde auparavant, il refusait encore de croire et luttait contre le témoignage de ses sens.

« Que veut dire ceci ? demanda Scrooge, caustique et froid comme toujours. Que désirez-vous de moi ?

— Beaucoup de choses ! » C'est la voix de Marley, plus de doute à cet égard.

« Qui êtes-vous ?

— Demandez-moi qui j'étais.

— Qui étiez-vous alors ? dit Scrooge, élevant la voix. Vous êtes bien puriste... pour une ombre.

— De mon vivant j'étais votre associé, Jacob Marley.

— Pouvez-vous... pouvez-vous vous asseoir ? demanda Scrooge en le regardant

at him.

"I can."

"Do it, then."

Scrooge asked the question, because he didn't know whether a ghost so transparent might find himself in a condition to take a chair; and felt that in the event of its being impossible, it might involve the necessity of an embarrassing explanation. But the ghost sat down on the opposite side of the fireplace, as if he were quite used to it.

"You don't believe in me", observed the Ghost.

"I don't", said Scrooge.

"What evidence would you have of my reality beyond that of your senses?"

"I don't know", said Scrooge.

"Why do you doubt your senses?"

"Because", said Scrooge, "a little thing affects them. A slight disorder of the stomach makes them cheats. You may be an undigested bit of beef, a blot of mustard, a crumb of cheese, a fragment of an underdone potato. There's more of gravy than of grave about you, whatever you are!"

Scrooge was not much in the habit of cracking jokes, nor did he feel, in his heart, by any means waggish then. The truth is, that he tried to be smart, as a means of distracting his own attention, and keeping down his terror; for the spectre's voice disturbed the very

d'un air de doute.

— Je le puis.

— Alors faites-le. »

Scrooge fit cette question parce qu'il ne savait pas si un spectre aussi transparent pouvait se trouver dans la condition voulue pour prendre un siège, et il sentait que, si par hasard la chose était impossible, il le réduirait à la nécessité d'une explication embarrassante. Mais le fantôme s'assit en face de lui, de l'autre côté de la cheminée, comme s'il ne faisait que cela toute la journée.

« Vous ne croyez pas en moi ? fit observer le spectre.

— Non, dit Scrooge.

— Quelle preuve de ma réalité voudriez-vous avoir, outre le témoignage de vos sens ?

— Je ne sais trop, répondit Scrooge.

— Pourquoi doutez-vous de vos sens ?

— Parce que, répondit Scrooge, la moindre chose suffit pour les affecter. Il suffit d'un léger dérangement dans l'estomac pour les rendre trompeurs ; et vous pourriez bien n'être au bout du compte qu'une tranche de bœuf mal digérée, une demi-cuillerée de moutarde, un morceau de fromage, un fragment de pomme de terre mal cuite. Qui que vous soyez, pour un mort vous sentez plus la bierre que la bière. »

Scrooge n'était pas trop dans l'habitude de faire des calembours, et il se sentait alors réellement, au fond du cœur, fort peu disposé à faire le plaisant. La vérité est qu'il essayait ce badinage comme un moyen de faire diversion à ses pensées et de surmonter son effroi, car la voix du spectre le faisait frissonner jusque dans la

marrow in his bones.

To sit, staring at those fixed glazed eyes, in silence for a moment, would play, Scrooge felt, the very deuce with him. There was something very awful, too, in the spectre's being provided with an infernal atmosphere of its own. Scrooge could not feel it himself, but this was clearly the case; for though the Ghost sat perfectly motionless, its hair, and skirts, and tassels, were still agitated as by the hot vapour from an oven.

"You see this toothpick?", said Scrooge, returning quickly to the charge, for the reason just assigned; and wishing, though it were only for a second, to divert the vision's stony gaze from himself.

"I do", replied the Ghost.

"You are not looking at it", said Scrooge.

"But I see it", said the Ghost, "notwithstanding."

"Well!", returned Scrooge. "I have but to swallow this, and be for the rest of my days persecuted by a legion of goblins, all of my own creation. Humbug, I tell you! humbug!"

At this the spirit raised a frightful cry, and shook its chain with such a dismal and appalling noise, that Scrooge held on tight to his chair, to save himself from falling in a swoon. But how much greater was his horror, when the phantom taking off the bandage round its head, as if it were too warm to wear indoors, its lower jaw dropped down upon its breast!

Scrooge fell upon his knees, and

moelle des os.

Demeurer assis, même pour un moment, ses regards arrêtés sur ces yeux fixes, vitreux, c'était là, Scrooge le sentait bien, une épreuve diabolique. Il y avait aussi quelque chose de vraiment terrible dans cette atmosphère infernale dont le spectre était environné. Scrooge ne pouvait la sentir lui-même, mais elle n'était pas moins réelle ; car, quoique le spectre restât assis, parfaitement immobile, ses cheveux, les basques de son habit, les glands de ses bottes étaient encore agités comme par la vapeur chaude qui s'exhale d'un four.

« Voyez-vous ce cure-dent ? dit Scrooge, retournant vivement à la charge, pour donner le change à sa frayeur, et désirant, ne fût-ce que pour une seconde, détourner de lui le regard du spectre, froid comme un marbre.

— Oui, répondit le fantôme.

— Mais vous ne le regardez seulement pas, objecta Scrooge.

— Cela ne m'empêche pas de le voir, dit le spectre.

— Eh bien ! reprit Scrooge, je n'ai qu'à l'avaler, et le reste de mes jours je serai persécuté par une légion de lutins, tous de ma propre création. Sottise, je vous dis… sottise ! »

À ce mot le spectre poussa un cri effrayant et secoua sa chaîne avec un bruit si lugubre et si épouvantable, que Scrooge se cramponna à sa chaise pour s'empêcher de tomber en défaillance. Mais combien redoubla son horreur lorsque le fantôme, ôtant le bandage qui entourait sa tête, comme s'il était trop chaud pour le garder dans l'intérieur, de l'appartement, sa mâchoire inférieure retomba sur sa poitrine.

Scrooge se jeta à genoux et se cacha le

clasped his hands before his face.

"Mercy!", he said. "Dreadful apparition, why do you trouble me?"

"Man of the worldly mind!", replied the Ghost. "Do you believe in me or not?"

"I do", said Scrooge. "I must. But why do spirits walk the earth, and why do they come to me?"

"It is required of every man", the Ghost returned, "that the spirit within him should walk abroad among his fellowmen, and travel far and wide; and if that spirit goes not forth in life, it is condemned to do so after death. It is doomed to wander through the world—oh, woe is me!—and witness what it cannot share, but might have shared on earth, and turned to happiness!"

Again the spectre raised a cry, and shook its chain and wrung its shadowy hands.

"You are fettered", said Scrooge, trembling. "Tell me why?"

"I wear the chain I forged in life", replied the Ghost. "I made it link by link, and yard by yard; I girded it on of my own free will, and of my own free will I wore it. Is its pattern strange to you?"

Scrooge trembled more and more.

"Or would you know", pursued the Ghost, "the weight and length of the strong coil you bear yourself? It was full as heavy and as long as

visage dans ses mains.

« Miséricorde ! s'écria-t-il. Épouvantable apparition ! ... pourquoi venez-vous me tourmenter ?

— Ame mondaine et terrestre ! répliqua le spectre ; croyez-vous en moi ou n'y croyez-vous pas ?

— J'y crois, dit Scrooge ; il le faut bien. Mais pourquoi les esprits se promènent-ils sur terre, et pourquoi viennent-ils me trouver ?

— C'est une obligation de chaque homme, répondit le spectre, que son âme renfermée au dedans de lui se mêle à ses semblables et voyage de tous côtés ; si elle ne le fait pendant la vie, elle est condamnée à le faire après la mort. Elle est obligée d'errer par le monde... (oh ! malheureux que je suis !)..... et doit être témoin inutile de choses dont il ne lui est plus possible de prendre sa part, quand elle aurait pu en jouir avec les autres sur la terre pour les faire servir à son bonheur ! »

Le spectre poussa encore un cri, secoua sa chaîne et tordit ses mains fantastiques.

« Vous êtes enchaîné ? demanda Scrooge tremblant ; dites-moi pourquoi.

— Je porte la chaîne que j'ai forgée pendant ma vie, répondit le fantôme. C'est moi qui l'ai faite anneau par anneau, mètre par mètre ; c'est moi qui l'ai suspendue autour de mon corps, librement et de ma propre volonté, comme je la porterai toujours de mon plein gré. Est-ce que le modèle vous en paraît étrange ? »

Scrooge tremblait de plus en plus.

« Ou bien voudriez-vous savoir, poursuivit le spectre, le poids et la longueur du câble énorme que vous traînez vous-même ? Il était exactement aussi long et

this, seven Christmas Eves ago. You have laboured on it, since. It is a ponderous chain!"

Scrooge glanced about him on the floor, in the expectation of finding himself surrounded by some fifty or sixty fathoms of iron cable: but he could see nothing.

"Jacob", he said, imploringly. "Old Jacob Marley, tell me more. Speak comfort to me, Jacob!"

"I have none to give", the Ghost replied. "It comes from other regions, Ebenezer Scrooge, and is conveyed by other ministers, to other kinds of men. Nor can I tell you what I would. A very little more is all permitted to me. I cannot rest, I cannot stay, I cannot linger anywhere. My spirit never walked beyond our counting-house—mark me!—in life my spirit never roved beyond the narrow limits of our money–changing hole; and weary journeys lie before me!"

It was a habit with Scrooge, whenever he became thoughtful, to put his hands in his breeches pockets. Pondering on what the Ghost had said, he did so now, but without lifting up his eyes, or getting off his knees.

"You must have been very slow about it, Jacob", Scrooge observed, in a business–like manner, though with humility and deference.

"Slow!", the Ghost repeated.

"Seven years dead", mused Scrooge. "And travelling all the

aussi pesant que cette chaîne que vous voyez, il y a aujourd'hui sept veilles de Noël. Vous y avez travaillé depuis. C'est une bonne chaîne à présent ! »

Scrooge regarda autour de lui sur le plancher, s'attendant à se trouver lui-même entouré de quelque cinquante ou soixante brasses de câbles de fer ; mais il ne vit rien.

« Jacob, dit-il d'un ton suppliant, mon vieux Jacob Marley, parlez-moi encore. Adressez-moi quelques paroles de consolation, Jacob.

— Je n'ai pas de consolation à donner, reprit le spectre. Les consolations viennent d'ailleurs, Ebenezer Scrooge ; elles sont apportées par d'autres ministres à d'autres espèces d'hommes que vous. Je ne puis non plus vous dire tout ce que je voudrais. Je n'ai plus que très peu de temps à ma disposition. Je ne puis me reposer, je ne puis m'arrêter, je ne puis séjourner nulle part. Mon esprit ne s'écarta jamais guère au-delà de notre comptoir ; vous savez, pendant ma vie, mon esprit ne dépassa jamais les étroites limites de notre bureau de change ; et voilà pourquoi, maintenant, il me reste à faire tant de pénibles voyages. »

C'était chez Scrooge une habitude de fourrer les mains dans les goussets de son pantalon toutes les fois qu'il devenait pensif. Réfléchissant à ce qu'avait dit le fantôme, il prit la même attitude, mais sans lever les yeux et toujours agenouillé.

« Il faut donc que vous soyez bien en retard, Jacob, fit observer Scrooge en véritable homme d'affaires, quoique avec humilité et déférence,

— En retard ! répéta le spectre.

— Mort depuis sept ans, rumina Scrooge, et en route tout ce temps-là.

time!"

"The whole time", said the Ghost. "No rest, no peace. Incessant torture of remorse."

"You travel fast?", said Scrooge.

"On the wings of the wind", replied the Ghost.

"You might have got over a great quantity of ground in seven years", said Scrooge.

The Ghost, on hearing this, set up another cry, and clanked its chain so hideously in the dead silence of the night, that the Ward would have been justified in indicting it for a nuisance.

"Oh, captive, bound, and double–ironed", cried the phantom, "not to know, that ages of incessant labour by immortal creatures, for this earth must pass into eternity before the good of which it is susceptible is all developed. Not to know that any Christian spirit working kindly in its little sphere, whatever it may be, will find its mortal life too short for its vast means of usefulness. Not to know that no space of regret can make amends for one life's opportunity misused! Yet such was I! Oh! such was I!"

"But you were always a good man of business, Jacob", faltered Scrooge, who now began to apply this to himself.

"Business!", cried the Ghost, wringing its hands again. "Mankind was my business. The common welfare was my business; charity, mercy, forbearance, and

— *Tout ce temps-là, dit le spectre… ni trêve ni repos, l'incessante torture du remords.*

— *Vous voyagez vite ? demanda Scrooge.*

— *Sur les ailes du vent, répliqua le fantôme.*

— *Vous devez avoir vu bien du pays en sept ans », reprit Scrooge.*

Le spectre, entendant ces paroles, poussa un troisième cri, et produisit avec sa chaîne un cliquetis si horrible dans le morne silence de la nuit, que le guet aurait eu toutes les raisons du monde de le traduire en justice pour cause de tapage nocturne.

« Oh ! captif, enchaîné, chargé de fers ! s'écria-t-il, pour avoir oublié que chaque homme doit s'associer, pour sa part, au grand travail de l'humanité, prescrit par l'Être suprême, et en perpétuer le progrès, car cette terre doit passer dans l'éternité avant que le bien dont elle est susceptible soit entièrement développé : pour avoir oublié que l'immensité de nos regrets ne pourra pas compenser les occasions manquées dans notre vie ! et cependant c'est ce que j'ai fait : oh ! oui, malheureusement, c'est ce que j'ai fait !

— *Cependant vous fûtes toujours un homme exact, habile en affaires, Jacob, balbutia Scrooge, qui commençait en ce moment à faire un retour sur lui-même.*

— *Les affaires ! s'écria le fantôme en se tordant de nouveau les mains. C'est l'humanité qui était mon affaire ; c'est le bien général qui était mon affaire ; c'est la charité, la miséricorde, la tolérance et la*

benevolence, were, all, my business. The dealings of my trade were but a drop of water in the comprehensive ocean of my business!"

It held up its chain at arm's length, as if that were the cause of all its unavailing grief, and flung it heavily upon the ground again.

"At this time of the rolling year", the spectre said, "I suffer most. Why did I walk through crowds of fellow–beings with my eyes turned down, and never raise them to that blessed Star which led the Wise Men to a poor abode! Were there no poor homes to which its light would have conducted me!"

Scrooge was very much dismayed to hear the spectre going on at this rate, and began to quake exceedingly.

"Hear me!", cried the Ghost. "My time is nearly gone."

"I will", said Scrooge. "But don't be hard upon me! Don't be flowery, Jacob! Pray!"

"How it is that I appear before you in a shape that you can see, I may not tell. I have sat invisible beside you many and many a day."

It was not an agreeable idea. Scrooge shivered, and wiped the perspiration from his brow.

"That is no light part of my penance", pursued the Ghost. "I am here tonight to warn you, that you have yet a chance and hope of escaping my fate. A chance and hope of my procuring, Ebenezer."

"You were always a good friend

bienveillance ; c'est tout cela qui était mon affaire. Les opérations de mon commerce n'étaient qu'une goutte d'eau dans le vaste océan de mes affaires. »

Il releva sa chaîne de toute la longueur de son bras, comme pour montrer la cause de tous ses stériles regrets, et la rejeta lourdement à terre.

« C'est à cette époque de l'année expirante, dit le spectre, que je souffre le plus. Pourquoi ai-je alors traversé la foule de mes semblables toujours les yeux baissés vers les choses de la terre, sans les lever jamais vers cette étoile bénie qui conduisit les mages à une pauvre demeure ? N'y avait-il donc pas de pauvres demeures aussi vers lesquelles sa lumière aurait pu me conduire ? »

Scrooge était très effrayé d'entendre le spectre continuer sur ce ton, et il commençait à trembler de tous ses membres.

« Écoutez-moi, s'écria le fantôme. Mon temps est bientôt passé.

— J'écoute, dit Scrooge ; mais épargnez-moi, ne faites pas trop de rhétorique, Jacob, je vous en prie.

— Comment se fait-il que je paraisse devant vous sous une forme que vous puissiez voir, je ne saurais le dire. Je me suis assis mainte et mainte fois à vos côtés en restant invisible. »

Ce n'était pas une idée agréable. Scrooge fut saisi de frissons et essuya la sueur qui découlait de son front.

« Et ce n'est pas mon moindre supplice, continua le spectre... je suis ici ce soir pour vous avertir qu'il vous reste encore une chance et un espoir d'échapper à ma destinée, une chance et un espoir que vous tiendrez de moi, Ebenezer.

— Vous fûtes toujours pour moi un

to me", said Scrooge. "Thank'ee!"

"You will be haunted", resumed the Ghost, "by three spirits."

Scrooge's countenance fell almost as low as the Ghost's had done.

"Is that the chance and hope you mentioned, Jacob?", he demanded, in a faltering voice.

"It is."

"I—I think I'd rather not", said Scrooge.

"Without their visits", said the Ghost, "you cannot hope to shun the path I tread. Expect the first tomorrow, when the bell tolls one."

"Couldn't I take 'em all at once, and have it over, Jacob?", hinted Scrooge.

"Expect the second on the next night at the same hour. The third upon the next night when the last stroke of twelve has ceased to vibrate. Look to see me no more; and look that, for your own sake, you remember what has passed between us!"

When it had said these words, the spectre took its wrapper from the table, and bound it round its head, as before. Scrooge knew this, by the smart sound its teeth made, when the jaws were brought together by the bandage. He ventured to raise his eyes again, and found his supernatural visitor confronting him in an erect attitude, with its chain wound over and about its arm.

The apparition walked backward from him; and at every step it took,

bon ami, dit Scrooge. Merci.

— Vous allez être hanté par trois esprits », ajouta le spectre.

La figure de Scrooge devint en un moment aussi pâle que celle du fantôme lui-même.

« Est-ce là cette chance et cet espoir dont vous me parliez, Jacob ? demanda-t-il d'une voix défaillante.

— Oui.

— Je... je... crois que j'aimerais mieux qu'il n'en fût rien, dit Scrooge.

— Sans leurs visites, reprit le spectre, vous ne pouvez espérer d'éviter mon sort. Attendez-vous à recevoir le premier demain quand l'horloge sonnera une heure.

— Ne pourrais-je pas les prendre tous à la fois pour en finir, Jacob ? insinua Scrooge.

— Attendez le second à la même heure la nuit d'après, et le troisième la nuit suivante, quand le dernier coup de minuit aura cessé de vibrer. Ne comptez pas me revoir, mais, dans votre propre intérêt, ayez soin de vous rappeler ce qui vient de se passer entre nous. »

— Après avoir ainsi parlé, le spectre prit sa mentonnière sur la table et l'attacha autour de sa tête comme auparavant. Scrooge le comprit au bruit sec que firent ses dents lorsque les deux mâchoires furent réunies l'une à l'autre par le bandage. Alors il se hasarda à lever les yeux et aperçut son visiteur surnaturel, debout devant lui, portant sa chaîne roulée autour de son bras.

L'apparition s'éloigna en marchant à reculons ; à chaque pas qu'elle faisait, la

the window raised itself a little, so that when the spectre reached it, it was wide open. It beckoned Scrooge to approach, which he did. When they were within two paces of each other, Marley's Ghost held up its hand, warning him to come no nearer. Scrooge stopped.

Not so much in obedience, as in surprise and fear: for on the raising of the hand, he became sensible of confused noises in the air; incoherent sounds of lamentation and regret; wailings inexpressibly sorrowful and self–accusatory. The spectre, after listening for a moment, joined in the mournful dirge; and floated out upon the bleak, dark night.

Scrooge followed to the window: desperate in his curiosity. He looked out.

The air was filled with phantoms, wandering hither and thither in restless haste, and moaning as they went. Every one of them wore chains like Marley's Ghost; some few (they might be guilty governments) were linked together; none were free. Many had been personally known to Scrooge in their lives. He had been quite familiar with one old ghost, in a white waistcoat, with a monstrous iron safe attached to its ankle, who cried piteously at being unable to assist a wretched woman with an infant, whom it saw below, upon a door–step. The misery with them all was, clearly, that they sought to interfere, for good, in human matters, and had lost the power for ever.

fenêtre se soulevait un peu, de sorte que, quand le spectre l'eût atteinte, elle était toute grande ouverte. Il fit signe à Scrooge d'approcher ; celui-ci obéit. Lorsqu'ils furent à deux pas l'un de l'autre, l'ombre de Marley leva la main et l'avertit de ne pas approcher davantage.

Scrooge s'arrêta, non pas tant par obéissance que par surprise et par crainte ; car, au moment où le fantôme leva la main, il entendit des bruits confus dans l'air, des sons incohérents de lamentation et de désespoir, des plaintes d'une inexprimable tristesse, des voix de regrets et de remords. Le spectre, ayant un moment prêté l'oreille, se joignit à ce chœur lugubre et s'évanouit au sein de la nuit pâle et sombre.

Scrooge suivit l'ombre jusqu'à la fenêtre, et, dans sa curiosité haletante, il regarda par la croisée.

L'air était rempli de fantômes errant çà et là, comme des âmes en peine, exhalant, à mesure qu'ils passaient, de profonds gémissements. Chacun d'eux traînait une chaîne comme le spectre de Marley ; quelques-uns, en petit nombre (c'étaient peut-être des cabinets de ministres complices d'une même politique), étaient enchaînés ensemble ; aucun n'était libre. Plusieurs avaient été, pendant leur vie, personnellement connus de Scrooge. Il avait été intimement lié avec un vieux fantôme en gilet blanc, à la cheville duquel était attaché un monstrueux anneau de fer et qui se lamentait piteusement de ne pouvoir assister une malheureuse femme avec son enfant qu'il voyait au-dessous de lui sur le seuil d'une porte. Le supplice de tous ces spectres consistait évidemment en ce qu'ils s'efforçaient, mais trop tard, d'intervenir dans les affaires humaines, pour y faire quelque bien ; ils en avaient pour jamais perdu le pouvoir.

(Ghosts of Departed Usurers) – (Fantômes des usuriers)

Whether these creatures faded into mist, or mist enshrouded them, he could not tell. But they and their spirit voices faded together; and the night became as it had been when he walked home.

Ces créatures fantastiques se fondirent-elles dans le brouillard ou le brouillard vint-il les envelopper dans son ombre ? Scrooge n'en put rien savoir, mais et les ombres et leurs voix s'éteignirent ensemble, et la nuit redevint ce qu'elle avait été lorsqu'il était rentré chez lui.

Scrooge closed the window, and examined the door by which the Ghost had entered. It was double-locked, as he had locked it with his own hands, and the bolts were undisturbed. He tried to say "Humbug!" but stopped at the first syllable. And being, from the emotion he had undergone, or the fatigues of the day, or his glimpse of the Invisible World, or the dull conversation of the Ghost, or the lateness of the hour, much in need of repose; went straight to bed, without undressing, and fell asleep upon the instant.

Il ferma la fenêtre : il examina soigneusement la porte par laquelle était entré le fantôme. Elle était fermée à double tour, comme il l'avait fermée de ses propres mains ; les verrous n'étaient point dérangés. Il essaya de dire : « Sottise ! », mais il s'arrêta à la première syllabe. Se sentant un grand besoin de repos, soit par suite de l'émotion qu'il avait éprouvée, des fatigues de la journée, de cet aperçu du monde invisible, ou de la triste conversation du spectre, soit à cause de l'heure avancée, il alla droit à son lit, sans même se déshabiller, et s'endormit aussitôt.

Stave Two - Deuxième couplet

The First Of The Three Spirits

Le premier des trois esprits

When Scrooge awoke, it was so dark, that looking out of bed, he could scarcely distinguish the transparent window from the opaque walls of his chamber. He was endeavouring to pierce the darkness with his ferret eyes, when the chimes of a neighbouring church struck the four quarters. So he listened for the hour.

To his great astonishment the heavy bell went on from six to seven, and from seven to eight, and regularly up to twelve; then stopped. Twelve! It was past two when he went to bed. The clock was wrong. An icicle must have got into the works. Twelve!

He touched the spring of his repeater, to correct this most preposterous clock. Its rapid little pulse beat twelve: and stopped.

"Why, it isn't possible", said

Quand Scrooge s'éveilla, il faisait si noir, que, regardant de son lit, il pouvait à peine distinguer la fenêtre transparente des murs opaques de sa chambre. Il s'efforçait de percer l'obscurité avec ses yeux de furet, lorsque l'horloge d'une église voisine sonna les quatre quarts. Scrooge écouta pour savoir l'heure.

À son grand étonnement, la lourde cloche alla de six à sept, puis de sept à huit, et ainsi régulièrement jusqu'à douze ; alors elle s'arrêta. Minuit ! Il était deux heures passées quand il s'était couché. L'horloge allait donc mal ? Un glaçon devait s'être introduit dans les rouages. Minuit !

Scrooge toucha le ressort de sa montre à répétition, pour corriger l'erreur de cette horloge qui allait tout de travers. Le petit pouls rapide de la montre battit douze fois et s'arrêta.

« Comment ! il n'est pas possible, dit

Scrooge, "that I can have slept through a whole day and far into another night. It isn't possible that anything has happened to the sun, and this is twelve at noon!"

The idea being an alarming one, he scrambled out of bed, and groped his way to the window. He was obliged to rub the frost off with the sleeve of his dressing-gown before he could see anything; and could see very little then. All he could make out was, that it was still very foggy and extremely cold, and that there was no noise of people running to and fro, and making a great stir, as there unquestionably would have been if night had beaten off bright day, and taken possession of the world. This was a great relief because "three days after sight of this First of Exchange pay to Mr. Ebenezer Scrooge or his order", and so forth, would have become a mere United States' security if there were no days to count by.

Scrooge went to bed again, and thought, and thought, and thought it over and over, and over, and could make nothing of it. The more he thought, the more perplexed he was; and, the more he endeavoured not to think, the more he thought. Marley's Ghost bothered him exceedingly. Every time he resolved within himself, after mature inquiry, that it was all a dream, his mind flew back again, like a strong spring released, to its first position, and presented the same problem to be worked all through, "Was it a dream or not?"

Scrooge lay in this state until the chime had gone three-quarters more, when he remembered, on a sudden, that the Ghost had warned

Scrooge, que j'ai dormi tout un jour et une partie d'une seconde nuit. Il n'est pas possible qu'il soit arrivé quelque chose au soleil et qu'il soit minuit à midi ! »

Cette idée étant de nature à l'inquiéter, il sauta à bas de son lit et marcha à tâtons vers la fenêtre. Il fut obligé d'essuyer les vitres gelées avec la manche de sa robe de chambre avant de pouvoir bien voir, et encore il ne put pas voir grand-chose. Tout ce qu'il put distinguer, c'est que le brouillard était toujours très épais, qu'il faisait extrêmement froid, qu'on n'entendait pas dehors les gens aller et venir et faire grand bruit, comme cela aurait indubitablement eu lieu si le jour avait chassé la nuit et pris possession du monde. Ce lui fut un grand soulagement ; car sans cela que seraient devenues ses lettres de change : « à trois jours de vue, payez à M. Ebenezer Scrooge ou à son ordre », et ainsi de suite ? de pures hypothèques sur les brouillards de l'Hudson.

Scrooge reprit le chemin de son lit et se mit à penser, à repenser, à penser encore à tout cela, toujours et toujours et toujours, sans rien y comprendre. Plus il pensait, plus il était embarrassé ; et plus il s'efforçait de ne pas penser, plus il pensait. Le spectre de Marley le troublait excessivement. Chaque fois qu'après un mûr examen il décidait, au-dedans de lui-même, que tout cela était un songe, son esprit, comme un ressort qui cesse d'être comprimé, retournait en hâte à sa première position et lui présentait le même problème à résoudre « était-ce ou n'était-ce pas un songe ? ».

Scrooge demeura dans cet état jusqu'à ce que le carillon eût sonné trois quarts d'heure de plus ; alors il se souvint tout à coup que le spectre l'avait prévenu d'une

him of a visitation when the bell tolled one. He resolved to lie awake until the hour was passed; and, considering that he could no more go to sleep than go to heaven, this was, perhaps, the wisest resolution in his power.

The quarter was so long, that he was more than once convinced he must have sunk into a doze unconsciously, and missed the clock. At length it broke upon his listening ear.

"Ding, dong!"

"A quarter past", said Scrooge, counting.

"Ding, dong!"

"Half–past!", said Scrooge.

"Ding, dong!"

"A quarter to it", said Scrooge.

"Ding, dong!"

"The hour itself", said Scrooge triumphantly, "and nothing else!"

He spoke before the hour bell sounded, which it now did with a deep, dull, hollow, melancholy One. Light flashed up in the room upon the instant, and the curtains of his bed were drawn.

The curtains of his bed were drawn aside, I tell you, by a hand. Not the curtains at his feet, nor the curtains at his back, but those to which his face was addressed. The curtains of his bed were drawn aside; and Scrooge, starting up into a half–recumbent attitude, found himself face to face with the unearthly visitor who drew them: as close to it as I am now to you, and I am standing in the spirit at your elbow.

It was a strange figure—like a

visite quand le timbre sonnerait une heure. Il résolut de se tenir éveillé jusqu'à ce que l'heure fût passée, et considérant qu'il ne lui était pas plus possible de s'endormir que d'avaler la lune, c'était peut-être la résolution la plus sage qui fût en son pouvoir.

Ce quart d'heure lui parut si long, qu'il crut plus d'une fois s'être assoupi sans s'en apercevoir, et n'avoir pas entendu sonner l'heure. L'horloge à la fin frappa son oreille attentive.

« Ding, dong !

— Un quart, dit Scrooge comptant.

— Ding, dong !

— La demie ! dit Scrooge.

— Ding, dong !

— Les trois quarts, dit Scrooge.

— Ding, dong !

— L'heure, l'heure, s'écria Scrooge triomphant, et rien d'autre ! »

Il parlait avant que le timbre de l'horloge eût retenti ; mais au moment où celui-ci eut fait entendre un coup profond, lugubre, sourd, mélancolique, une vive lueur brilla aussitôt dans la chambre et les rideaux de son lit furent tirés.

Les rideaux de son lit furent tirés, vous dis-je, de côté, par une main invisible ; non pas les rideaux qui tombaient à ses pieds ou derrière sa tête, mais ceux vers lesquels son visage était tourné. Les rideaux de son lit furent tirés, et Scrooge, se dressant dans l'attitude d'une personne à demi couchée, se trouva face à face avec le visiteur surnaturel qui les tirait, aussi près de lui que je le suis maintenant de vous, et notez que je me tiens debout, en esprit, à votre coude.

C'était une étrange figure... celle d'un

child: yet not so like a child as like an old man, viewed through some supernatural medium, which gave him the appearance of having receded from the view, and being diminished to a child's proportions. Its hair, which hung about its neck and down its back, was white as if with age; and yet the face had not a wrinkle in it, and the tenderest bloom was on the skin. The arms were very long and muscular; the hands the same, as if its hold were of uncommon strength. Its legs and feet, most delicately formed, were, like those upper members, bare. It wore a tunic of the purest white, and round its waist was bound a lustrous belt, the sheen of which was beautiful. It held a branch of fresh green holly in its hand; and, in singular contradiction of that wintry emblem, had its dress trimmed with summer flowers. But the strangest thing about it was, that from the crown of its head there sprung a bright clear jet of light, by which all this was visible; and which was doubtless the occasion of its using, in its duller moments, a great extinguisher for a cap, which it now held under its arm.

Even this, though, when Scrooge looked at it with increasing steadiness, was not its strangest quality. For as its belt sparkled and glittered now in one part and now in another, and what was light one instant, at another time was dark, so the figure itself fluctuated in its distinctness: being now a thing with one arm, now with one leg, now with twenty legs, now a pair of legs without a head, now a head without a body: of which dissolving parts, no outline would be visible in the dense gloom wherein they melted away. And in the very wonder of

enfant ; et néanmoins, pas aussi semblable à un enfant qu'à un vieillard vu au travers de quelque milieu surnaturel, qui lui donnait l'air de s'être éloigné à distance et d'avoir diminué jusqu'aux proportions d'un enfant. Ses cheveux, qui flottaient autour de son cou et tombaient sur son dos, étaient blancs comme si c'eût été l'effet de l'âge ; et cependant son visage n'avait pas une ride, sa peau brillait de l'incarnat le plus délicat. Les bras étaient très longs et musculeux ; les mains de même, comme s'il eût possédé une force peu commune. Ses jambes et ses pieds, très délicatement formés, étaient nus, comme les membres supérieurs. Il portait une tunique du blanc le plus pur, et autour de sa taille était serrée une ceinture lumineuse, qui brillait d'un vif éclat. Il tenait à la main une branche verte de houx fraîchement coupée ; et, par un singulier contraste avec cet emblème de l'hiver, il avait ses vêtements garnis des fleurs de l'été. Mais la chose la plus étrange qui fut en lui, c'est que du sommet de sa tête jaillissait un brillant jet de lumière, à l'aide duquel toutes ces choses étaient visibles, et d'où venait, sans doute, que dans ses moments de tristesse il se servait en guise de chapeau d'un grand éteignoir, qu'il tenait présentement sous son bras.

Ce n'était point là cependant, en regardant de plus près, son attribut le plus étrange aux yeux de Scrooge. Car, comme sa ceinture brillait et reluisait tantôt sur un point, tantôt sur un autre, ce qui était clair un moment devenait obscur l'instant d'après ; l'ensemble de sa personne subissait aussi ces fluctuations et se montrait en conséquence sous des aspects divers. Tantôt c'était un être avec un seul bras, une seule jambe ou bien vingt jambes, tantôt deux jambes sans tête, tantôt une tête sans corps ; les membres qui disparaissaient à la vue ne laissaient pas apercevoir un seul contour dans l'obscurité épaisse au milieu de laquelle ils

this, it would be itself again; distinct and clear as ever.	s'évanouissaient. Puis, par un prodige singulier, il redevenait lui-même, aussi distinct et aussi visible que jamais.
"Are you the spirit, sir, whose coming was foretold to me?", asked Scrooge.	« Monsieur, demanda Scrooge, êtes-vous l'esprit dont la venue m'a été prédite ?
"I am!"	— Je le suis. »
The voice was soft and gentle. Singularly low, as if instead of being so close beside him, it were at a distance.	La voix était douce et agréable, singulièrement basse, comme si, au lieu d'être si près de lui, il se fût trouvé dans l'éloignement.
"Who, and what are you?", Scrooge demanded.	« Qui êtes-vous donc ? demanda Scrooge.
"I am the Ghost of Christmas Past."	— Je suis l'esprit de Noël passé.
"Long Past?", inquired Scrooge: observant of its dwarfish stature.	— Passé depuis longtemps ? demanda Scrooge, remarquant la stature du nain.
"No. Your past."	— Non, votre dernier Noël. »
Perhaps, Scrooge could not have told anybody why, if anybody could have asked him; but he had a special desire to see the Spirit in his cap; and begged him to be covered.	Peut-être Scrooge n'aurait pu dire pourquoi, si on le lui avait demandé, mais il éprouvait un désir tout particulier de voir l'esprit coiffé de son chapeau, et il le pria de se couvrir.
"What!", exclaimed the Ghost. "Would you so soon put out, with worldly hands, the light I give? Is it not enough that you are one of those whose passions made this cap, and force me through whole trains of years to wear it low upon my brow!"	« Eh quoi ! s'écria le spectre, voudriez-vous sitôt éteindre avec des mains mondaines la lumière que je donne ? N'est-ce pas assez que vous soyez un de ceux dont les passions égoïstes m'ont fait ce chapeau et me forcent à le porter à travers les siècles enfoncé sur mon front ! »
Scrooge reverently disclaimed all intention to offend or any knowledge of having wilfully "bonneted" the Spirit at any period of his life. He then made bold to inquire what business brought him there.	Scrooge nia respectueusement qu'il eut l'intention de l'offenser, et protesta qu'à aucune époque de sa vie il n'avait volontairement « coiffé » l'esprit. Puis il osa lui demander quelle besogne l'amenait.
"Your welfare!", said the Ghost.	« Votre bonheur ! » dit le fantôme.
Scrooge expressed himself much obliged, but could not help thinking that a night of unbroken rest would have been more conducive to that	Scrooge se déclara fort reconnaissant, mais il ne put s'empêcher de penser qu'une nuit de repos non interrompu aurait contribué davantage à atteindre ce but. Il

end. The Spirit must have heard him thinking, for it said immediately:

"Your reclamation, then. Take heed!"

It put out its strong hand as it spoke, and clasped him gently by the arm.

"Rise! And walk with me!"

It would have been in vain for Scrooge to plead that the weather and the hour were not adapted to pedestrian purposes; that bed was warm, and the thermometer a long way below freezing; that he was clad but lightly in his slippers, dressing-gown, and nightcap; and that he had a cold upon him at that time. The grasp, though gentle as a woman's hand, was not to be resisted. He rose: but finding that the Spirit made towards the window, clasped his robe in supplication.

"I am mortal", Scrooge remonstrated, "and liable to fall."

"Bear but a touch of my hand there", said the Spirit, laying it upon his heart, "and you shall be upheld in more than this!"

As the words were spoken, they passed through the wall, and stood upon an open country road, with fields on either hand. The city had entirely vanished. Not a vestige of it was to be seen. The darkness and the mist had vanished with it, for it was a clear, cold, winter day, with snow upon the ground.

"Good Heaven!", said Scrooge, clasping his hands together, as he looked about him. "I was bred in

fallait que l'esprit l'eût entendu penser, car il dit immédiatement :

« Votre conversion, alors… Prenez garde ! »

Tout en parlant, il étendit sa forte main et le saisit doucement par le bras.

« Levez-vous ! et marchez avec moi ! »

C'eût été en vain que Scrooge aurait allégué que le temps et l'heure n'étaient pas propices pour une promenade à pied ; que son lit était chaud et le thermomètre bien au-dessous de glace ; qu'il était légèrement vêtu, n'ayant que ses pantoufles, sa robe de chambre et son bonnet de nuit ; et qu'en même temps il avait à ménager son rhume. Pas moyen de résister à cette étreinte, quoique aussi douce que celle d'une main de femme. Il se leva ; mais, s'apercevant que l'esprit se dirigeait vers la fenêtre, il saisit sa robe dans une attitude suppliante.

« Je ne suis qu'un mortel, lui représenta Scrooge, et par conséquent je pourrais bien tomber.

— Permettez seulement que ma main vous touche là, dit l'esprit, mettant sa main sur le cœur de Scrooge, et vous serez soutenu dans bien d'autres épreuves encore. »

Comme il prononçait ces paroles, ils passèrent à travers la muraille et se trouvèrent sur une route en rase campagne, avec des champs de chaque côté. La ville avait entièrement disparu : on ne pouvait plus en voir de vestige. L'obscurité et le brouillard s'étaient évanouis en même temps, car c'était un jour d'hiver, brillant de clarté, et la neige couvrait la terre.

« Bon Dieu ! dit Scrooge en joignant les mains tandis qu'il promenait ses regards autour de lui. C'est en ce lieu que j'ai été élevé ; c'est ici que j'ai passé mon

this place. I was a boy here!"

The Spirit gazed upon him mildly. Its gentle touch, though it had been light and instantaneous, appeared still present to the old man's sense of feeling. He was conscious of a thousand odours floating in the air, each one connected with a thousand thoughts, and hopes, and joys, and cares long, long, forgotten!

"Your lip is trembling", said the Ghost. "And what is that upon your cheek?"

Scrooge muttered, with an unusual catching in his voice, that it was a pimple; and begged the Ghost to lead him where he would.

"You recollect the way?", inquired the Spirit.

"Remember it!", cried Scrooge with fervour. "I could walk it blindfold."

"Strange to have forgotten it for so many years!", observed the Ghost. "Let us go on."

They walked along the road, Scrooge recognising every gate, and post, and tree; until a little market-town appeared in the distance, with its bridge, its church, and winding river. Some shaggy ponies now were seen trotting towards them with boys upon their backs, who called to other boys in country gigs and carts, driven by farmers. All these boys were in great spirits, and shouted to each other, until the broad fields were so full of merry music, that the crisp air laughed to hear it!

"These are but shadows of the things that have been", said the

enfance ! »

L'esprit le regarda avec bonté. Son doux attouchement, quoiqu'il eût été léger et n'eût duré qu'un instant, avait réveillé la sensibilité du vieillard. Il avait la conscience d'une foule d'odeurs flottant dans l'air, dont chacune était associée avec un millier de pensées, d'espérances, de joies et de préoccupations oubliées depuis longtemps, bien longtemps !

« *Votre lèvre tremble, dit le fantôme. Et qu'est-ce que vous avez donc là sur la joue ?*

— Rien, dit Scrooge tout bas, d'une voix singulièrement émue ; ce n'est pas la peur qui me creuse les joues ; ce n'est rien, c'est seulement une fossette que j'ai là. Menez-moi, je vous prie, où vous voulez.

— Vous vous rappelez le chemin ? demanda l'esprit.

— Me le rappeler ! ... s'écria Scrooge avec chaleur. Je pourrais m'y retrouver les yeux bandés.

— Il est bien étrange alors que vous l'ayez oublié depuis tant d'années ! fit observer le fantôme. Avançons. »

Ils marchèrent le long de la route, Scrooge reconnaissant chaque porte ; chaque poteau, chaque arbre, jusqu'au moment où un petit bourg apparut dans le lointain, avec son pont, son église et sa rivière au cours sinueux. Quelques poneys aux longs crins se montrèrent en ce moment trottant vers eux, montés par des enfants qui appelaient d'autres enfants juchés dans des carrioles rustiques et des charrettes que conduisaient des fermiers. Tous ces enfants étaient très animés, et échangeaient ensemble mille cris variés, jusqu'à ce que les vastes campagnes furent si remplies de cette musique joyeuse, que l'air mis en vibration riait de l'entendre.

« *Ce ne sont là que les ombres des choses qui ont été, dit le spectre. Elles ne*

Ghost. "They have no consciousness of us."

The jocund travellers came on; and as they came, Scrooge knew and named them every one. Why was he rejoiced beyond all bounds to see them? Why did his cold eye glisten, and his heart leap up as they went past! Why was he filled with gladness when he heard them give each other Merry Christmas, as they parted at cross–roads and bye–ways, for their several homes! What was merry Christmas to Scrooge? Out upon merry Christmas! What good had it ever done to him?

"The school is not quite deserted", said the Ghost. "A solitary child, neglected by his friends, is left there still."

Scrooge said he knew it. And he sobbed.

They left the high–road, by a well–remembered lane, and soon approached a mansion of dull red brick, with a little weathercock–surmounted cupola, on the roof, and a bell hanging in it. It was a large house, but one of broken fortunes; for the spacious offices were little used, their walls were damp and mossy, their windows broken, and their gates decayed. Fowls clucked and strutted in the stables; and the coach–houses and sheds were over–run with grass. Nor was it more retentive of its ancient state, within; for entering the dreary hall, and glancing through the open doors of many rooms, they found them poorly furnished, cold, and vast. There was an earthy savour in the air, a chilly bareness in the place, which associated itself somehow with too

se doutent pas de notre présence. »

Les gais voyageurs avancèrent vers eux ; et, à mesure qu'ils venaient, Scrooge les reconnaissait et appelait chacun d'eux par son nom. Pourquoi était-il réjoui, plus qu'on ne peut dire, de les voir ? pourquoi son œil, ordinairement sans expression, s'illuminait-il ? pourquoi son cœur bondissait-il à mesure qu'ils passaient ? Pourquoi fut-il rempli de bonheur quand il les entendit se souhaiter l'un à l'autre un gai Noël, en se séparant aux carrefours et aux chemins de traverse qui devaient les ramener chacun à son logis ? Qu'était un gai Noël pour Scrooge ? Foin du gai Noël ! Quel bien lui avait-il jamais fait ?

« L'école n'est pas encore tout à fait déserte, dit le fantôme. Il y reste encore un enfant solitaire, oublié par ses amis. »

Scrooge dit qu'il le reconnaissait, et il soupira.

Ils quittèrent la grand-route pour s'engager dans un chemin creux parfaitement connu de Scrooge, et s'approchèrent bientôt d'une construction en briques d'un rouge sombre, avec un petit dôme surmonté d'une girouette ; sous le dôme une cloche était suspendue. C'était une maison vaste, mais qui témoignait des vicissitudes de la fortune ; car on se servait peu de ses spacieuses dépendances ; les murs en étaient humides et couverts de mousse, les fenêtres brisées, et les portes délabrées. Des poules gloussaient et se pavanaient dans les écuries ; les remises et les hangars étaient envahis par l'herbe. À l'intérieur, elle n'avait pas gardé plus de restes de son ancien état ; car, en entrant dans le sombre vestibule et en jetant un regard à travers les portes ouvertes de plusieurs pièces, ils les trouvèrent pauvrement meublées, froides et solitaires ; il y avait dans l'air une odeur de renfermé ; tout, en ce lieu, respirait un

much getting up by candle–light, and not too much to eat.	dénuement glacial qui donnait à penser que ses habitants se levaient souvent avant le jour pour travailler, et n'avaient pas trop de quoi manger.
They went, the Ghost and Scrooge, across the hall, to a door at the back of the house. It opened before them, and disclosed a long, bare, melancholy room, made barer still by lines of plain deal forms and desks. At one of these a lonely boy was reading near a feeble fire; and Scrooge sat down upon a form, and wept to see his poor forgotten self as he used to be.	Ils allèrent, l'esprit et Scrooge, à travers le vestibule, à une porte située sur le derrière de la maison. Elle s'ouvrit devant eux, et laissa voir une longue salle triste et déserte, que rendaient plus déserte encore des rangées de bancs et de pupitres en simple sapin. À l'un de ces pupitres, près d'un faible feu, lisait un enfant demeuré tout seul ; Scrooge s'assit sur un banc et pleura en se reconnaissant lui-même, oublié, délaissé comme il avait coutume de l'être alors.
Not a latent echo in the house, not a squeak and scuffle from the mice behind the panelling, not a drip from the half–thawed water–spout in the dull yard behind, not a sigh among the leafless boughs of one despondent poplar, not the idle swinging of an empty store–house door, no, not a clicking in the fire, but fell upon the heart of Scrooge with a softening influence, and gave a freer passage to his tears.	Pas un écho endormi dans la maison, pas un cri des souris se livrant bataille derrière les boiseries, pas un son produit par le jet d'eau à demi gelé, tombant goutte à goutte dans l'arrière-cour, pas un soupir du vent parmi les branches sans feuilles d'un peuplier découragé, pas un battement sourd d'une porte de magasin vide, non, non, pas le plus léger pétillement du feu qui ne fît sentir au cœur de Scrooge sa douce influence et ne donnât un plus libre cours à ses larmes.
The Spirit touched him on the arm, and pointed to his younger self, intent upon his reading. Suddenly a man, in foreign garments: wonderfully real and distinct to look at: stood outside the window, with an axe stuck in his belt, and leading by the bridle an ass laden with wood.	L'esprit lui toucha le bras et lui montra l'enfant cet autre lui-même, attentif à sa lecture. Soudain, un homme vêtu d'un costume étranger, visible comme je vous vois, parut debout derrière la fenêtre, avec une hache attachée à sa ceinture, et conduisant par le licou un âne chargé de bois.
"Why, it's Ali Baba!", Scrooge exclaimed in ecstasy. "It's dear old honest Ali Baba! Yes, yes, I know! One Christmas time, when yonder solitary child was left here all alone, he did come, for the first time, just like that. Poor boy! And Valentine", said Scrooge, "and his wild brother, Orson; there they go! And what's his name, who was put down in his	« Mais c'est Ali-Baba ! s'écria Scrooge en extase. C'est le bon vieil Ali-Baba, l'honnête homme ! Oui, oui, je le reconnais. C'est un jour de Noël que cet enfant là-bas avait été laissé ici tout seul, et que lui il vint, pour la première fois, précisément accoutré comme cela. Pauvre enfant ! Et Valentin, dit Scrooge, et son coquin de frère, Orson ; les voilà aussi. Et quel est son nom à celui-là, qui fut déposé

drawers, asleep, at the Gate of Damascus; don't you see him! And the Sultan's Groom turned upside down by the Genii; there he is upon his head! Serve him right. I'm glad of it. What business had he to be married to the Princess!"

To hear Scrooge expending all the earnestness of his nature on such subjects, in a most extraordinary voice between laughing and crying; and to see his heightened and excited face would have been a surprise to his business friends in the city, indeed.

"There's the Parrot!", cried Scrooge. "Green body and yellow tail, with a thing like a lettuce growing out of the top of his head; there he is! Poor Robin Crusoe, he called him, when he came home again after sailing round the island. 'Poor Robin Crusoe, where have you been, Robin Crusoe?' The man thought he was dreaming, but he wasn't. It was the Parrot, you know. There goes Friday, running for his life to the little creek! Halloa! Hoop! Halloo!"

Then, with a rapidity of transition very foreign to his usual character, he said, in pity for his former self, "Poor boy!" and cried again.

"I wish", Scrooge muttered, putting his hand in his pocket, and looking about him, after drying his eyes with his cuff: "but it's too late now."

"What is the matter?", asked the Spirit.

"Nothing", said Scrooge. "Nothing. There was a boy singing a Christmas Carol at my door last night. I should like to have given

tout endormi, presque nu, à la porte de Damas ; ne le voyez-vous pas ? Et le palefrenier du sultan renversé sens dessus dessous par les génies ; le voilà la tête en bas ! Bon ! traitez-le comme il le mérite ; j'en suis bien aise. Qu'avait-il besoin d'épouser la princesse ! »

Quelle surprise pour ses confrères de la Cité, s'ils avaient pu entendre Scrooge dépenser tout ce que sa nature avait d'ardeur et d'énergie à s'extasier sur de tels souvenirs, moitié riant, moitié pleurant, avec un son de voix des plus extraordinaires, et voir l'animation empreinte sur les traits de son visage !

« Voilà le perroquet ! continua-t-il ; le corps vert et la queue jaune, avec une huppe semblable à une laitue sur le haut de la tête ; le voilà ! « Pauvre Robinson Crusoé ! » lui criait-il quand il revint au logis, après avoir fait le tour de l'île en canot. « Pauvre Robinson Crusoé, où avez-vous été, Robinson Crusoé ? » L'homme, croyait rêver, mais non, il ne rêvait pas. C'était le perroquet, vous savez. Voilà Vendredi courant à la petite baie pour sauver sa vie ! Allons, vite, courage, houp ! »

Puis, passant d'un sujet à un autre avec une rapidité qui n'était point dans son caractère, touché de compassion pour cet autre lui-même qui lisait ces contes : « Pauvre enfant ! » répéta-t-il, et il se mit encore à pleurer.

« Je voudrais... murmura Scrooge en mettant la main dans sa poche et en regardant autour de lui après s'être essuyé les yeux avec sa manche ; mais il est trop tard maintenant.

— Qui a-t-il ? demanda l'esprit.

— Rien, dit Scrooge, rien. Je pensais à un enfant qui chantait un Noël hier soir à ma porte ; je voudrais lui avoir donné

him something: that's all."

The Ghost smiled thoughtfully, and waved its hand: saying as it did so, "Let us see another Christmas!"

Scrooge's former self grew larger at the words, and the room became a little darker and more dirty. The panels shrunk, the windows cracked; fragments of plaster fell out of the ceiling, and the naked laths were shown instead; but how all this was brought about, Scrooge knew no more than you do. He only knew that it was quite correct; that everything had happened so; that there he was, alone again, when all the other boys had gone home for the jolly holidays.

He was not reading now, but walking up and down despairingly. Scrooge looked at the Ghost, and with a mournful shaking of his head, glanced anxiously towards the door.

It opened; and a little girl, much younger than the boy, came darting in, and putting her arms about his neck, and often kissing him, addressed him as her "Dear, dear brother."

"I have come to bring you home, dear brother!", said the child, clapping her tiny hands, and bending down to laugh. "To bring you home, home, home!"

"Home, little Fan?", returned the boy.

"Yes!", said the child, brimful of glee. "Home, for good and all. Home, for ever and ever. Father is so much kinder than he used to be, that home's like Heaven! He spoke so gently to me one dear night

quelque chose : voilà tout. »

Le fantôme sourit d'un air pensif, et de la main lui fit signe de se taire en disant : « Voyons un autre Noël. »

À ces mots, Scrooge vit son autre lui-même déjà grandi, et la salle devint un peu plus sombre et un peu plus sale. Les panneaux s'étaient fendillés, les fenêtres étaient crevassées, des fragments de plâtre étaient tombés du plafond, et les lattes se montraient à découvert. Mais comment tous ces changements à vue se faisaient-ils ? Scrooge ne le savait pas plus que vous. Il savait seulement que c'était exact, que tout s'était passé comme cela, qu'il se trouvait là, seul encore, tandis que tous les autres jeunes garçons étaient allés passer les joyeux jours de fête dans leurs familles.

Maintenant il ne lisait plus, mais se promenait de long en large en proie au désespoir. Scrooge regarda le spectre ; puis, avec un triste hochement de tête, jeta du côté de la porte un coup d'œil plein d'anxiété.

Elle s'ouvrit ; et une petite fille, beaucoup plus jeune que l'écolier, entra comme un trait ; elle passa ses bras autour de son cou et l'embrassa plusieurs fois en lui disant :

« Cher, cher frère ! Je suis venue pour vous emmener à la maison, cher frère, dit-elle en frappant ses petites mains l'une contre l'autre, et toute courbée en deux à force de rire. Vous emmener à la maison, à la maison, à la maison !

— À la maison, petite Fanny ? répéta l'enfant.

— Oui, dit-elle radieuse. À la maison, pour tout de bon, à la maison, pour toujours, toujours. Papa est maintenant si bon, en comparaison de ce qu'il était autrefois, que la maison est comme un paradis ! Un de ces soirs,

when I was going to bed, that I was not afraid to ask him once more if you might come home; and he said yes, you should; and sent me in a coach to bring you. And you're to be a man!", said the child, opening her eyes. "And are never to come back here; but first, we're to be together all the Christmas long, and have the merriest time in all the world."	*comme j'allais me coucher, il me parla avec une si grande tendresse, que je n'ai pas eu peur de lui demander encore une fois si vous ne pourriez pas venir à la maison ; il m'a répondu que oui, que vous le pouviez, et m'a envoyée avec une voiture pour vous chercher. Vous allez être un homme ! ajouta-t-elle en ouvrant de grands yeux ; vous ne reviendrez jamais ici ; mais d'abord, nous allons demeurer ensemble toutes les fêtes de Noël, et passer notre temps de la manière la plus joyeuse du monde.*
"You are quite a woman, little Fan!", exclaimed the boy.	*— Vous êtes une vraie femme, petite Fanny ! », s'écria le jeune garçon.*
She clapped her hands and laughed, and tried to touch his head; but being too little, laughed again, and stood on tiptoe to embrace him. Then she began to drag him, in her childish eagerness, towards the door; and he, nothing loth to go, accompanied her.	*Elle battit des mains et se mit à rire ; ensuite elle essaya de lui caresser la tête ; mais, comme elle était trop petite, elle se mit à rire encore, et se dressa sur la pointe des pieds pour l'embrasser. Alors, dans son empressement enfantin, elle commença à l'entraîner vers la porte, et lui, il l'accompagnait sans regret.*
A terrible voice in the hall cried "Bring down master Scrooge's box, there!" and in the hall appeared the schoolmaster himself, who glared on master Scrooge with a ferocious condescension, and threw him into a dreadful state of mind by shaking hands with him. He then conveyed him and his sister into the veriest old well of a shivering best–parlour that ever was seen, where the maps upon the wall, and the celestial and terrestrial globes in the windows, were waxy with cold. Here he produced a decanter of curiously light wine, and a block of curiously heavy cake, and administered instalments of those dainties to the young people: at the same time, sending out a meagre servant to offer a glass of "something" to the postboy, who answered that he thanked the gentleman, but if it was the same tap as he had tasted	*Une voix terrible se fit entendre dans le vestibule : « Descendez la malle de master Scrooge, allons ! » Et en même temps parut le maître en personne, qui jeta sur le jeune M. Scrooge un regard de condescendance farouche, et le plongea dans un trouble affreux en lui secouant la main en signe d'adieu. Il l'introduisit ensuite, ainsi que sa sœur, dans la vieille salle basse, la plus froide qu'on ait jamais vue, véritable cave, où les cartes suspendues aux murailles, les globes célestes et terrestres dans les embrasures de fenêtres, semblaient glacés par le froid. Il leur servit une carafe d'un vin singulièrement léger, et un morceau de gâteau singulièrement lourd, régalant lui-même de ces friandises le jeune couple, en même temps qu'il envoyait un domestique de chétive apparence pour offrir « quelque chose » au postillon, qui répondit qu'il remerciait bien monsieur, mais que, si c'était le même vin dont il avait déjà goûté auparavant, il aimait mieux ne rien prendre. Pendant ce*

before, he had rather not. Master Scrooge's trunk being by this time tied on to the top of the chaise, the children bade the schoolmaster good-bye right willingly; and getting into it, drove gaily down the garden-sweep: the quick wheels dashing the hoar-frost and snow from off the dark leaves of the evergreens like spray.

"Always a delicate creature, whom a breath might have withered", said the Ghost. "But she had a large heart!"

"So she had", cried Scrooge. "You're right. I will not gainsay it, Spirit. God forbid!"

"She died a woman", said the Ghost, "and had, as I think, children."

"One child", Scrooge returned.

"True", said the Ghost. "Your nephew!"

Scrooge seemed uneasy in his mind; and answered briefly: "Yes."

Although they had but that moment left the school behind them, they were now in the busy thoroughfares of a city, where shadowy passengers passed and repassed; where shadowy carts and coaches battled for the way, and all the strife and tumult of a real city were. It was made plain enough, by the dressing of the shops, that here too it was Christmas time again; but it was evening, and the streets were lighted up.

The Ghost stopped at a certain warehouse door, and asked Scrooge if he knew it.

"Know it!", said Scrooge. "Was I apprenticed here!"

temps-là on avait attaché la malle de maître Scrooge sur le haut de la voiture ; les enfants dirent adieu de très grand cœur au maître, et, montant en voiture, ils traversèrent gaiement l'allée du jardin ; les roues rapides faisaient jaillir, comme des flots d'écume, la neige et le givre qui recouvraient les sombres feuilles des arbres.

« *Ce fut toujours une créature délicate qu'un simple souffle aurait pu flétrir, dit le spectre… Mais elle avait un grand cœur.*

— *Oh ! oui, s'écria Scrooge. Vous avez raison. Ce n'est pas moi qui dirai le contraire, esprit, Dieu m'en garde !*

— *Elle est morte mariée, dit l'esprit, et a laissé deux enfants, je crois.*

— *Un seul, répondit Scrooge.*

— *C'est vrai, dit le spectre, votre neveu.* »

Scrooge parut mal à l'aise et répondit brièvement : « Oui. *»*

Quoiqu'ils n'eussent fait que quitter la pension en ce moment, ils se trouvaient déjà dans les rues populeuses d'une ville, où passaient et repassaient des ombres humaines, où des ombres de charrettes et de voitures se disputaient le pavé, où se rencontraient enfin le bruit et l'agitation d'une véritable ville. On voyait assez clairement, à l'étalage des boutiques, que là aussi on célébrait le retour de Noël ; mais c'était le soir, et les rues étaient éclairées.

Le spectre s'arrêta à la porte d'un certain magasin, et demanda à Scrooge s'il le reconnaissait.

« *Si je le reconnais ! dit Scrooge. N'est-ce pas ici que j'ai fait mon apprentissage ?* »

They went in. At sight of an old gentleman in a Welsh wig, sitting behind such a high desk, that if he had been two inches taller he must have knocked his head against the ceiling, Scrooge cried in great excitement:

"Why, it's old Fezziwig! Bless his heart; it's Fezziwig alive again."

Old Fezziwig laid down his pen, and looked up at the clock, which pointed to the hour of seven. He rubbed his hands; adjusted his capacious waistcoat; laughed all over himself, from his shoes to his organ of benevolence; and called out in a comfortable, oily, rich, fat, jovial voice:

"Yo-ho, there! Ebenezer! Dick!"

Scrooge's former self, now grown a young man, came briskly in, accompanied by his fellow-'prentice.

"Dick Wilkins, to be sure!", said Scrooge to the Ghost. "Bless me, yes. There he is. He was very much attached to me, was Dick. Poor Dick! Dear, dear!"

"Yo-ho, my boys!", said Fezziwig. "No more work tonight. Christmas Eve, Dick. Christmas, Ebenezer! Let's have the shutters up", cried old Fezziwig, with a sharp clap of his hands, "before a man can say Jack Robinson!"

You wouldn't believe how those two fellows went at it! They charged into the street with the shutters—one, two, three—had 'em up in their places—four, five, six—barred 'em and pinned 'em—seven, eight, nine—and came back before you could have got to twelve, panting like race-horses.

"Hilli-ho!", cried old Fezziwig,

Ils entrèrent. À la vue d'un vieux monsieur en perruque galloise, assis derrière un pupitre si élevé, que, si le gentleman avait eu deux pouces de plus, il se serait cogné la tête contre le plafond, Scrooge s'écria en proie à une grande excitation :

« Mais c'est le vieux Fezziwig ! Dieu le bénisse ! C'est Fezziwig ressuscité ! »

Le vieux Fezziwig posa sa plume et regarda l'horloge, qui marquait sept heures. Il se frotta les mains, rajusta son vaste gilet, rit de toutes ses forces, depuis la plante des pieds jusqu'à la pointe des cheveux, et appela d'une voix puissante, sonore, riche, pleine et joviale :

« Holà ! oh ! Ebenezer ! Dick ! »

L'autre Scrooge, devenu maintenant un jeune homme, entra lestement, accompagné de son camarade d'apprentissage.

« C'est Dick Wilkins, pour sûr ! dit Scrooge au fantôme... Oui, c'est lui ; miséricorde ! le voilà. Il m'était très attaché, le pauvre Dick ! ce bien cher Dick !

— Allons, allons, mes enfants ! s'écria Fezziwig, on ne travaille plus ce soir. C'est la veille de Noël, Dick. C'est Noël, Ebenezer ! Vite, mettons les volets, cria le vieux Fezziwig en faisant gaiement claquer ses mains. Allons tôt ! comment ! ce n'est pas encore fait ?

Vous ne croiriez jamais de quel cœur ces deux gaillards se mirent à l'ouvrage ! Ils se précipitèrent dans la rue avec les volets, un, deux, trois ; ... les mirent en place, quatre, cinq, six ; posèrent les barres et les clavettes ; sept, huit, neuf, et revinrent avant que vous eussiez pu compter jusqu'à douze, haletants comme des chevaux de course.

« Ohé ! oh ! s'écria le vieux Fezziwig

skipping down from the high desk, with wonderful agility. "Clear away, my lads, and let's have lots of room here! Hilli–ho, Dick! Chirrup, Ebenezer!"

Clear away! There was nothing they wouldn't have cleared away, or couldn't have cleared away, with old Fezziwig looking on. It was done in a minute. Every movable was packed off, as if it were dismissed from public life for evermore; the floor was swept and watered, the lamps were trimmed, fuel was heaped upon the fire; and the warehouse was as snug, and warm, and dry, and bright a ball–room, as you would desire to see upon a winter's night.

In came a fiddler with a music–book, and went up to the lofty desk, and made an orchestra of it, and tuned like fifty stomach–aches. In came Mrs. Fezziwig, one vast substantial smile. In came the three Miss Fezziwigs, beaming and lovable. In came the six young followers whose hearts they broke. In came all the young men and women employed in the business. In came the housemaid, with her cousin, the baker. In came the cook, with her brother's particular friend, the milkman. In came the boy from over the way, who was suspected of not having board enough from his master; trying to hide himself behind the girl from next door but one, who was proved to have had her ears pulled by her mistress. In they all came, one after another; some shyly, some boldly, some gracefully, some awkwardly, some pushing, some pulling; in they all came, anyhow and everyhow. Away they all went, twenty couple at once; hands half round and back

descendant de son pupitre avec une merveilleuse agilité. Débarrassons, mes enfants, et faisons de la place ici ! Holà, Dick ! Allons, preste, Ebenezer ! »

Débarrasser ! ils auraient même tout déménagé s'il avait fallu, sous les yeux du vieux Fezziwig. Ce fut fait en une minute. Tout ce qui était transportable fut enlevé comme pour disparaître à tout jamais de la vie publique, le plancher balayé et arrosé, les lampes apprêtées, un tas de charbon jeté sur le feu, et le magasin devint une salle de bal aussi commode, aussi chaude, aussi sèche, aussi brillante qu'on pouvait le désirer pour une soirée d'hiver.

Vint alors un ménétrier avec son livre de musique. Il monta au haut du grand pupitre, en fit un orchestre et produisit des accords réjouissants comme la colique. Puis entra Mme Fezziwig, un vaste sourire en personne ; puis entrèrent les trois miss Fezziwig, radieuses et adorables ; puis entrèrent les six jeunes poursuivants dont elles brisaient les cœurs ; puis entrèrent tous les jeunes gens et toutes les jeunes filles employés dans le commerce de la maison ; puis entra la servante avec son cousin le boulanger ; puis entra la cuisinière avec l'ami intime de son frère, le marchand de lait ; puis entra le petit apprenti d'en face, soupçonné de ne pas avoir assez de quoi manger chez son maître ; il se cachait derrière la servante du numéro 15, à laquelle sa maîtresse, le fait était prouvé, avait tiré les oreilles. Ils entrèrent tous, l'un après l'autre, quelques-uns d'un air timide, d'autres plus hardiment, ceux-ci avec grâce, ceux-là avec gaucherie, qui poussant, qui tirant ; enfin tous entrèrent de façon ou d'autre et n'importe comment. Ils partirent tous, vingt couples à la fois, se tenant par la main et formant une ronde. La moitié se

again the other way; down the middle and up again; round and round in various stages of affectionate grouping; old top couple always turning up in the wrong place; new top couple starting off again, as soon as they got there; all top couples at last, and not a bottom one to help them! When this result was brought about, old Fezziwig, clapping his hands to stop the dance, cried out "Well done!" and the fiddler plunged his hot face into a pot of porter, especially provided for that purpose. But scorning rest, upon his reappearance, he instantly began again, though there were no dancers yet, as if the other fiddler had been carried home, exhausted, on a shutter, and he were a bran–new man resolved to beat him out of sight, or perish.

There were more dances, and there were forfeits, and more dances, and there was cake, and there was negus, and there was a great piece of Cold Roast, and there was a great piece of Cold Boiled, and there were mince–pies, and plenty of beer. But the great effect of the evening came after the Roast and Boiled, when the fiddler (an artful dog, mind! The sort of man who knew his business better than you or I could have told it him!) struck up "Sir Roger de Coverley". Then old Fezziwig stood out to dance with Mrs. Fezziwig. Top couple, too; with a good stiff piece of work cut out for them; three or four and twenty pair of partners; people who were not to be trifled with; people who would dance, and had no notion of walking.

porte en avant, puis revient en arrière ; c'est au tour de ceux-ci à se balancer en cadence, c'est au tour de ceux-là à entraîner le mouvement ; puis ils recommencent tous à tourner en rona plusieurs fois, se groupant, se serrant, se poursuivant les uns les autres : le vieux couple n'est jamais à sa place, et les jeunes couples repartent avec vivacité, quand ils l'ont mis dans l'embarras, puis, enfin, la chaîne est rompue et les danseurs se trouvent sans vis-à-vis. Après ce beau résultat, le vieux Fezziwig, frappant des mains pour suspendre la danse, s'écria : « C'est bien ! » et le ménétrier plongea son visage échauffé dans un pot de porter, spécialement préparé à cette intention. Mais, lorsqu'il reparut, dédaignant le repos, il recommença de plus belle, quoiqu'il n'y eût pas encore de danseurs, comme si l'autre ménétrier avait été reporté chez lui, épuisé, sur un volet de fenêtre, et que ce fut un nouveau musicien qui fut venu le remplacer, résolu à vaincre ou à périr.

Il y eut encore des danses, et le jeu des gages touchés ; puis encore des danses, un gâteau du négus, une énorme pièce de rôti froid, une autre de bouilli froid, des pâtés au hachis et de la bière en abondance. Mais le grand effet de la soirée, ce fut après le rôti et le bouilli, quand le ménétrier (un fin matois, remarquez bien, un diable d'homme qui connaissait bien son affaire : ce n'est ni vous ni moi qui aurions pu lui en remontrer !) commença à jouer « Sir Robert de Coverley ». Alors s'avança le vieux Fezziwig pour danser avec Mme Fezziwig. Ils se placèrent en tête de la danse. En voilà de la besogne ! vingt-trois ou vingt-quatre couples à conduire, et des gens avec lesquels il n'y avait pas à badiner, des gens qui voulaient danser et ne savaient ce que c'était que d'aller le pas.

(Mr. Fezziwig's Ball) – *(Le bal de Mr Fezziwig)*

But if they had been twice as many—ah, four times—old Fezziwig would have been a match for them, and so would Mrs. Fezziwig. As to her, she was worthy to be his partner in every sense of the term. If that's not high praise, tell me higher, and I'll use it. A positive light appeared to issue from Fezziwig's calves. They shone in every part of the dance like moons. You couldn't have

Mais quand ils auraient bien été deux ou trois fois aussi nombreux quatre fois même, le vieux Fezziwig aurait été capable de leur tenir tête, Mme Fezziwig pareillement. Quant à elle, c'était sa digne compagne, dans toute l'étendue du mot. Si ce n'est pas là un assez bel éloge, qu'on m'en fournisse un autre, et j'en ferai mon profit. Les mollets de Fezziwig étaient positivement comme deux astres. C'étaient des lunes qui se multipliaient dans toutes les évolutions de la danse. Ils paraissaient,

predicted, at any given time, what would have become of them next. And when old Fezziwig and Mrs. Fezziwig had gone all through the dance; advance and retire, both hands to your partner, bow and curtsey, corkscrew, thread-the-needle, and back again to your place; Fezziwig "cut"—cut so deftly, that he appeared to wink with his legs, and came upon his feet again without a stagger.

When the clock struck eleven, this domestic ball broke up. Mr. and Mrs. Fezziwig took their stations, one on either side of the door, and shaking hands with every person individually as he or she went out, wished him or her a Merry Christmas. When everybody had retired but the two 'prentices, they did the same to them; and thus the cheerful voices died away, and the lads were left to their beds; which were under a counter in the back-shop.

During the whole of this time, Scrooge had acted like a man out of his wits. His heart and soul were in the scene, and with his former self. He corroborated everything, remembered everything, enjoyed everything, and underwent the strangest agitation. It was not until now, when the bright faces of his former self and Dick were turned from them, that he remembered the Ghost, and became conscious that it was looking full upon him, while the light upon its head burnt very clear.

"A small matter", said the Ghost, "to make these silly folks so full of gratitude."

disparaissaient, reparaissaient de plus belle. Et quand le vieux Fezziwig et Mme Fezziwig eurent exécuté toute la danse : avancez et reculez, tenez votre danseuse par la main, balancez, saluez ; le tire-bouchon ; enfilez l'aiguille et reprenez vos places ; Fezziwig faisait des entrechats si lestement, qu'il semblait jouer du flageolet avec ses jambes, et retombait ensuite en place sur ses pieds, droit comme un I.

Quand l'horloge sonna onze heures, ce bal domestique prit fin. M. et Mme Fezziwig allèrent se placer de chaque coté de la porte, et secouant amicalement les mains à chaque personne individuellement, lui aux hommes, elle aux femmes, à mesure que l'on sortait, ils leur souhaitèrent à tous un joyeux Noël. Lorsqu'il ne resta plus que les deux apprentis, ils leur firent les mêmes adieux, puis les voix joyeuses se turent, et les jeunes gens regagnèrent leurs lits placés sous un comptoir de l'arrière-boutique.

Pendant tout ce temps, Scrooge s'était agité comme un homme qui aurait perdu l'esprit. Son cœur et son âme avaient pris part à cette scène avec son autre lui-même. Il reconnaissait tout, se rappelait tout, jouissait de tout et éprouvait la plus étrange agitation. Ce ne fût plus que quand ces brillants visages de son autre lui-même et de Dick eurent disparu à leurs yeux, qu'il se souvint du fantôme et s'aperçut que ce dernier le considérait très attentivement, tandis que la lumière dont sa tête était surmontée brillait d'une clarté de plus en plus vive.

« Il faut bien peu de chose, dit le fantôme, pour inspirer à ces sottes gens tant de reconnaissance...

"Small!", echoed Scrooge.

The Spirit signed to him to listen to the two apprentices, who were pouring out their hearts in praise of Fezziwig: and when he had done so, said:

"Why? Is it not? He has spent but a few pounds of your mortal money: three or four perhaps. Is that so much that he deserves this praise?"

"It isn't that", said Scrooge, heated by the remark, and speaking unconsciously like his former, not his latter, self. "It isn't that, Spirit. He has the power to render us happy or unhappy; to make our service light or burdensome; a pleasure or a toil. Say that his power lies in words and looks; in things so slight and insignificant that it is impossible to add and count 'em up: what then? The happiness he gives, is quite as great as if it cost a fortune."

He felt the Spirit's glance, and stopped.

"What is the matter?", asked the Ghost.

"Nothing particular", said Scrooge.

"Something, I think?", the Ghost insisted.

"No", said Scrooge. "No. I should like to be able to say a word or two to my clerk just now. That's all."

His former self turned down the lamps as he gave utterance to the wish; and Scrooge and the Ghost again stood side by side in the open

— *Peu de chose ! répéta Scrooge.* »

L'esprit lui fit signe d'écouter les deux apprentis qui répandaient leurs cœurs en louanges sur Fezziwig, puis ajouta, lorsqu'il eut obéi :

« *Eh quoi ! voila-t-il pas grand-chose ? Il a dépensé quelques livres sterling de votre argent mortel ; trois ou quatre peut-être. Cela vaut-il la peine de lui donner tant d'éloges ?*

— *Ce n'est pas cela, dit Scrooge excité par cette remarque, et parlant, sans s'en douter, comme son autre lui-même et non pas comme le Scrooge d'aujourd'hui. Ce n'est pas cela, esprit. Fezziwig a le pouvoir de nous rendre heureux ou malheureux ; de faire que notre service devienne léger ou pesant, un plaisir ou une peine. Que ce pouvoir consiste en paroles et en regards, en choses si insignifiantes, si fugitives qu'il est impossible de les additionner et de les aligner en compte, eh bien, qu'est-ce que cela fait ? le bonheur qu'il nous donne est tout aussi grand que s'il coûtait une fortune.* »

Scrooge surprit le regard perçant de l'esprit et s'arrêta.

« *Qu'est-ce que vous avez ? demanda le fantôme.*

— *Rien de particulier, répondit Scrooge.*

— *Vous avez l'air d'avoir quelque chose, dit le spectre avec insistance.*

— *Non, reprit Scrooge, non. Seulement j'aimerais à pouvoir dire en ce moment un mot ou deux à mon commis. Voilà tout.* »

Son autre lui-même éteignit les lampes au moment où il exprimait ce désir ; et Scrooge et le fantôme se trouvèrent de nouveau côte à côte en plein air.

air.

"My time grows short", observed the Spirit. "Quick!"

This was not addressed to Scrooge, or to any one whom he could see, but it produced an immediate effect. For again Scrooge saw himself. He was older now; a man in the prime of life. His face had not the harsh and rigid lines of later years; but it had begun to wear the signs of care and avarice. There was an eager, greedy, restless motion in the eye, which showed the passion that had taken root, and where the shadow of the growing tree would fall.

He was not alone, but sat by the side of a fair young girl in a mourning-dress: in whose eyes there were tears, which sparkled in the light that shone out of the Ghost of Christmas Past.

"It matters little", she said, softly. "To you, very little. Another idol has displaced me; and if it can cheer and comfort you in time to come, as I would have tried to do, I have no just cause to grieve."

"What idol has displaced you?", he rejoined.

"A golden one."

"This is the even-handed dealing of the world!", he said. "There is nothing on which it is so hard as poverty; and there is nothing it professes to condemn with such severity as the pursuit of wealth!"

"You fear the world too much", she answered, gently. "All your other hopes have merged into the hope of being beyond the chance of

« Mon temps s'écoule, fit observer l'esprit... Vite ! »

Cette parole n'était point adressée à Scrooge ou à quelqu'un qu'il pût voir, mais elle produisit un effet immédiat, car Scrooge se revit encore. Il était plus âgé maintenant, un homme dans la fleur de l'âge. Son visage n'avait point les traits durs et sévères de sa maturité ; mais il avait commencé à porter les marques de l'inquiétude et de l'avarice. Il y avait dans son regard une mobilité ardente, avide, inquiète, indice de la passion qui avait pris racine en lui : on devinait déjà de quel coté allait se projeter l'ombre de l'arbre qui commençait à grandir.

Il n'était pas seul, il se trouvait au contraire à côté d'une belle jeune fille vêtue de deuil, dont les yeux pleins de larmes brillaient à la lumière du spectre de Noël passé.

« Peu importe, disait-elle doucement, à vous du moins. Une autre idole a pris ma place, et, si elle peut vous réjouir et vous consoler plus tard, comme j'aurais essayé de le faire, je n'ai pas autant de raisons de m'affliger.

— Quelle idole a pris votre place ? répondit-il.

— Le veau d'or.

— Voilà bien l'impartialité du monde ! dit-il. Il n'y a rien qu'il traite plus durement que la pauvreté ; et il n'y a rien qu'il fasse profession de condamner avec autant de sévérité que la poursuite de la richesse !

— Vous craignez trop l'opinion du monde, répliquait la jeune fille avec douceur. Vous avez sacrifié toutes vos espérances à celle d'échapper un jour à son

its sordid reproach. I have seen your nobler aspirations fall off one by one, until the master–passion, Gain, engrosses you. Have I not?"

"What then?", he retorted. "Even if I have grown so much wiser, what then? I am not changed towards you."

She shook her head.

"Am I?"

"Our contract is an old one. It was made when we were both poor and content to be so, until, in good season, we could improve our worldly fortune by our patient industry. You are changed. When it was made, you were another man."

"I was a boy", he said impatiently.

"Your own feeling tells you that you were not what you are", she returned. "I am. That which promised happiness when we were one in heart, is fraught with misery now that we are two. How often and how keenly I have thought of this, I will not say. It is enough that I have thought of it, and can release you."

"Have I ever sought release?"

"In words. No. Never."

"In what, then?"

"In a changed nature; in an altered spirit; in another atmosphere of life; another Hope as its great end. In everything that made my love of any worth or value in your sight. If this had never been between us", said the girl, looking

mépris sordide. J'ai vu vos plus nobles aspirations disparaître une à une, jusqu'à ce que la passion dominante, le lucre, vous ait absorbé. N'ai-je pas raison ?

— Eh bien ! quoi ? reprit-il. Lors même que je serais devenu plus raisonnable en vieillissant, après ? je ne suis pas changé à votre égard. »

Elle secoua la tête.

« Suis-je changé ?

— Notre engagement est bien ancien. Nous l'avons pris ensemble quand nous étions tous les deux pauvres et contents de notre état, en attendant le jour où nous pourrions améliorer notre fortune en ce monde par notre patiente industrie. Vous avez bien changé. Quand cet engagement fut pris, vous étiez un autre homme.

— J'étais un enfant, s'écria-t-il avec impatience.

— Votre propre conscience vous dit que vous n'étiez point alors ce que vous êtes aujourd'hui, répliqua-t-elle. Pour moi, je suis la même. Ce qui pouvait nous promettre le bonheur, quand nous n'avions qu'un cœur, n'est plus qu'une source de peines depuis que nous en avons deux. Combien de fois et avec quelle amertume j'y ai pensé, je ne veux pas vous le dire. Il suffit que j'y aie pensé, et que je puisse à présent vous rendre votre parole.

— Ai-je jamais cherché à la reprendre ?

— De bouche, non, jamais.

— Comment, alors ?

— En changeant du tout au tout. Votre humeur n'est plus la même, ni l'atmosphère au milieu de laquelle vous vivez, ni l'espérance qui était le but principal de votre vie. Si cet engagement n'eût jamais existé entre nous, dit la jeune fille, le regardant avec douceur, mais avec

mildly, but with steadiness, upon him; "tell me, would you seek me out and try to win me now? Ah, no!"

He seemed to yield to the justice of this supposition, in spite of himself. But he said with a struggle "You think not".

"I would gladly think otherwise if I could", she answered. "Heaven knows. When I have learned a Truth like this, I know how strong and irresistible it must be. But if you were free today, tomorrow, yesterday, can even I believe that you would choose a dowerless girl—you who, in your very confidence with her, weigh everything by Gain: or, choosing her, if for a moment you were false enough to your one guiding principle to do so, do I not know that your repentance and regret would surely follow? I do; and I release you. With a full heart, for the love of him you once were."

He was about to speak; but with her head turned from him, she resumed.

"You may—the memory of what is past half makes me hope you will—have pain in this. A very, very brief time, and you will dismiss the recollection of it, gladly, as an unprofitable dream, from which it happened well that you awoke. May you be happy in the life you have

fermeté, dites-le-moi, rechercheriez-vous ma main aujourd'hui ? Oh ! non. »

Il parut prêt à céder en dépit de lui-même à cette supposition trop vraisemblable. Cependant il ne se rendit pas encore. « Vous ne le pensez pas, dit-il.

— Je serais bien heureuse de penser autrement si je le pouvais, répondit-elle ; Dieu le sait ! Pour que je me sois rendue moi-même à une vérité aussi pénible, il faut bien qu'elle ait une force irrésistible. Mais, si vous étiez libre aujourd'hui ou demain, comme hier, puis-je croire que vous choisiriez pour femme une fille sans dot, vous qui, dans vos plus intimes confidences, alors que vous lui ouvrez votre cœur avec le plus d'abandon, ne cessez de peser toutes choses dans les balances de l'intérêt, et de tout estimer par le profit que vous pouviez en retirer ! ou si, venant à oublier un instant, à cause d'elle, les principes qui font votre seule règle de conduite, vous vous arrêtiez à ce choix, ne sais-je donc pas que vous ne tarderiez point à le regretter et à vous en repentir ? j'en suis convaincue ; c'est pourquoi je vous rends votre liberté, de grand cœur, à cause même de l'affection que je vous portais autrefois, quand vous étiez si différent de ce que vous êtes aujourd'hui. »

Il allait parler ; mais elle continua en détournant les yeux :

« Peut-être... mais non, disons plutôt : sans aucun doute, la mémoire du passé m'autorise à l'espérer, vous souffrirez de ce parti. Mais encore un peu, bien peu de temps, et vous bannirez avec empressement ce souvenir importun comme un rêve inutile et fâcheux dont vous vous féliciterez d'être délivré. Puisse la nouvelle existence que vous aurez choisie vous

chosen!"

She left him, and they parted.

"Spirit!", said Scrooge. "Show me no more! Conduct me home. Why do you delight to torture me?"

"One shadow more!", exclaimed the Ghost.

"No more!", cried Scrooge. "No more. I don't wish to see it. Show me no more!"

But the relentless Ghost pinioned him in both his arms, and forced him to observe what happened next.

They were in another scene and place; a room, not very large or handsome, but full of comfort. Near to the winter fire sat a beautiful young girl, so like that last that Scrooge believed it was the same, until he saw her, now a comely matron, sitting opposite her daughter. The noise in this room was perfectly tumultuous, for there were more children there, than Scrooge in his agitated state of mind could count; and, unlike the celebrated herd in the poem, they were not forty children conducting themselves like one, but every child was conducting itself like forty. The consequences were uproarious beyond belief; but no one seemed to care; on the contrary, the mother and daughter laughed heartily, and enjoyed it very much; and the latter, soon beginning to mingle in the sports, got pillaged by the young brigands most ruthlessly. What would I not have given to be one of them! Though I never could have been so rude, no, no! I wouldn't for the wealth of all the world have

rendre heureux ! »

Elle le quitta, et ils se séparèrent.

« *Esprit, dit Scrooge, ne me montrez plus rien ! Ramenez-moi à la maison. Pourquoi vous plaisez-vous à me tourmenter ?*

— Encore une ombre ! cria le spectre.

— Non, plus d'autres ! dit Scrooge ; je n'en veux pas voir davantage. Ne me montrez plus rien ! ... »

Mais le fantôme impitoyable l'étreignit entre ses deux bras et le força à considérer la suite des événements.

Ils se trouvèrent tout à coup transportés dans un autre lieu où une scène d'un autre genre vint frapper leurs regards ; et était une chambre ni grande ni belle, mais agréable et commode. Près d'un bon feu d'hiver était assise une belle jeune fille, qui ressemblait tellement à la dernière, que Scrooge la prit pour elle, jusqu'à ce qu'il aperçut cette dernière devenue maintenant une grave mère de famille, assise vis-à-vis de sa fille. Le bruit qui se faisait dans cette chambre était assourdissant, car il y avait là plus d'enfants que Scrooge, dans l'agitation extrême de son esprit, n'en pouvait compter ; et, bien différents de la joyeuse troupe dont parle le poème, au lieu de quarante enfants silencieux comme s'il n'y en avait eu qu'un seul, chacun d'eux, au contraire, se montrait bruyant et tapageur comme quarante. La conséquence inévitable d'une telle situation était un vacarme dont rien ne saurait donner une idée ; mais personne ne semblait s'en inquiéter. Bien plus, la mère et la fille en riaient de tout leur cœur et s'en amusaient beaucoup. Celle-ci, ayant commencé à se mêler à leurs jeux, fut aussitôt mise au pillage par ces petits brigands, qui la

crushed that braided hair, and torn it down; and for the precious little shoe, I wouldn't have plucked it off, God bless my soul! to save my life. As to measuring her waist in sport, as they did, bold young brood, I couldn't have done it; I should have expected my arm to have grown round it for a punishment, and never come straight again. And yet I should have dearly liked, I own, to have touched her lips; to have questioned her, that she might have opened them; to have looked upon the lashes of her downcast eyes, and never raised a blush; to have let loose waves of hair, an inch of which would be a keepsake beyond price: in short, I should have liked, I do confess, to have had the lightest licence of a child, and yet to have been man enough to know its value.

But now a knocking at the door was heard, and such a rush immediately ensued that she with laughing face and plundered dress was borne towards it the centre of a flushed and boisterous group, just in time to greet the father, who came home attended by a man laden with Christmas toys and presents. Then the shouting and the struggling, and the onslaught that was made on the defenceless porter! The scaling him with chairs for ladders to dive into his pockets, despoil him of brown–paper parcels, hold on tight by his cravat, hug him round his neck, pommel his back, and kick his legs in irrepressible affection! The shouts of wonder and delight with which the development of every package was received! The terrible announcement that the baby had

traitèrent sans pitié.

Mais voilà qu'en ce moment on entendit frapper à la porte, et il s'ensuivit immédiatement un tel tumulte et une telle confusion, que ce groupe aussi bruyant qu'animé qui l'entourait la porta violemment, sans qu'elle put s'en défendre, la figure riante et les vêtements en désordre, du côté de la porte, au-devant du père qui rentrait suivi d'un homme chargé de joujoux et de cadeaux de Noël. Qu'on se figure les cris, les batailles, les assauts livrés au commissionnaire sans défense! C'est à qui l'escaladera avec des chaises en guise d'échelles, pour fouiller dans ses poches, lui arracher les petits paquets enveloppés de papier gris, le saisir par la cravate, se suspendre à son cou, lui distribuer, en signe d'une tendresse que rien ne peut réprimer, force coups de poing dans le dos, force coups de pied dans les os des jambes. Et puis, quels cris de joie et de bonheur accueillent l'ouverture de chaque paquet! Quel effet produit la fâcheuse

been taken in the act of putting a doll's frying–pan into his mouth, and was more than suspected of having swallowed a fictitious turkey, glued on a wooden platter! The immense relief of finding this a false alarm! The joy, and gratitude, and ecstasy! They are all indescribable alike. It is enough that by degrees the children and their emotions got out of the parlour, and by one stair at a time, up to the top of the house; where they went to bed, and so subsided.

And now Scrooge looked on more attentively than ever, when the master of the house, having his daughter leaning fondly on him, sat down with her and her mother at his own fireside; and when he thought that such another creature, quite as graceful and as full of promise, might have called him father, and been a spring–time in the haggard winter of his life, his sight grew very dim indeed.

"Belle", said the husband, turning to his wife with a smile, "I saw an old friend of yours this afternoon."

"Who was it?"

"Guess!"

"How can I? Tut, don't I know", she added in the same breath, laughing as he laughed. "Mr. Scrooge."

"Mr. Scrooge it was. I passed his office window; and as it was not shut up, and he had a candle inside, I could scarcely help seeing him. His partner lies upon the point of death, I hear; and there he sat alone. Quite alone in the world, I do

nouvelle que le marmot a été pris sur le fait, mettant dans sa bouche une poêle à frire du petit ménage, et qu'il est plus que suspecté d'avoir avalé un dindon en sucre, collé sur un plat de bois ! Quel immense soulagement de reconnaître que c'est une fausse alarme ! Leur joie, leur reconnaissance, leur enthousiasme, tout cela ne saurait se décrire. Enfin, l'heure étant arrivée, peu à peu les enfants, avec leurs émotions, sortent du salon l'un après l'autre, montent l'escalier quatre à quatre jusqu'à leur chambre, située au dernier étage, où ils se couchent, et le calme renaît.

Alors Scrooge redoubla d'attention quand le maître du logis, sur lequel s'appuyait tendrement sa fille, s'assit entre elle et sa mère, au coin du feu ; et quand il vint à penser qu'une autre créature semblable, tout aussi gracieuse, tout aussi belle, aurait pu l'appeler son père et faire un printemps du triste hiver de sa vie, ses yeux se remplirent de larmes.

« Bella, dit le mari se tournant vers sa femme avec un sourire, j'ai vu ce soir un de vos anciens amis.

— Qui donc ?

— Devinez !

— Comment le puis-je ? ... Mais j'y suis, ajouta-t-elle aussitôt en riant comme lui. C'est M. Scrooge.

— Lui-même. Je passais devant la fenêtre de son comptoir ; et, comme les volets n'étaient point fermés et qu'il avait de la lumière, je n'ai pu m'empêcher de le voir. Son associé se meurt, dit-on ; il était donc là seul comme toujours, je pense, tout seul au monde.

believe."

"Spirit!", said Scrooge in a broken voice. "Remove me from this place."

"I told you these were shadows of the things that have been", said the Ghost. "That they are what they are, do not blame me!"

"Remove me!", Scrooge exclaimed. "I cannot bear it!"

He turned upon the Ghost, and seeing that it looked upon him with a face, in which in some strange way there were fragments of all the faces it had shown him, wrestled with it.

"Leave me! Take me back! Haunt me no longer!"

In the struggle, if that can be called a struggle in which the Ghost with no visible resistance on its own part was undisturbed by any effort of its adversary, Scrooge observed that its light was burning high and bright; and dimly connecting that with its influence over him, he seized the extinguisher–cap, and by a sudden action pressed it down upon its head.

The Spirit dropped beneath it, so that the extinguisher covered its whole form; but though Scrooge pressed it down with all his force, he could not hide the light: which streamed from under it, in an unbroken flood upon the ground.

He was conscious of being exhausted, and overcome by an irresistible drowsiness; and, further, of being in his own bedroom. He gave the cap a parting squeeze, in

— *Esprit, dit Scrooge d'une voix saccadée, éloignez-moi d'ici.*

— *Je vous ai prévenu, répondit le fantôme, que je vous montrerais les ombres de ce qui a été ; ne vous en prenez pas à moi si elles sont ce qu'elles sont, et non autre chose.*

— *Emmenez-moi ! s'écria Scrooge, je ne puis supporter davantage ce spectacle !* »

Il se tourna vers l'esprit, et voyant qu'il le regardait avec un visage dans lequel, par une singularité étrange, se retrouvaient des traits épars de tous les visages qu'il lui avait montrés, il se jeta sur lui.

« *Laissez-moi ! s'écria-t-il ; ramenez-moi, cessez de m'obséder !* »

Dans la lutte, si toutefois c'était une lutte, car le spectre, sans aucune résistance apparente, ne pouvait être ébranlé par aucun effort de son adversaire, Scrooge observa que la lumière de sa tête brillait, de plus en plus éclatante. Rapprochant alors dans son esprit cette circonstance de l'influence que le fantôme exerçait sur lui, il saisit l'éteignoir et, par un mouvement soudain, le lui enfonça vivement sur la tête.

L'esprit s'affaissa tellement sous ce chapeau fantastique, qu'il disparut presque en entier ; mais Scrooge avait beau peser sur lui de toutes ses forces, il ne pouvait venir à bout de cacher la lumière, qui s'échappait de dessous l'éteignoir et rayonnait autour de lui sur le sol.

Il se sentit épuisé et dominé par un irrésistible besoin de dormir, puis bientôt il se trouva dans sa chambre à coucher. Alors il fit un dernier effort pour enfoncer encore davantage l'éteignoir, sa main se

which his hand relaxed; and had barely time to reel to bed, before he sank into a heavy sleep.	*détendit, et il n'eut que le temps de rouler sur son lit avant de tomber dans un profond sommeil.*

(Scrooge Extinguishes the First of the Three Spirits) –
(Scrooge éteint son spectral visiteur)

Stave Three - Troisième couplet

The Second Of The Three Spirits

Le second des trois esprits

Awaking in the middle of a prodigiously tough snore, and sitting up in bed to get his thoughts together, Scrooge had no occasion to be told that the bell was again upon the stroke of One. He felt that he was restored to consciousness in the right nick of time, for the especial purpose of holding a conference with the second messenger despatched to him through Jacob Marley's intervention. But finding that he turned uncomfortably cold when he began to wonder which of his curtains this new spectre would draw back, he put them every one aside with his own hands; and lying down again, established a sharp look—out all round the bed. For he wished to challenge the Spirit on the moment of its appearance, and did not wish to be taken by surprise, and made nervous.

R*éveillé au milieu d'un ronflement d'une force prodigieuse, et s'asseyant sur son lit pour recueillir ses pensées, Scrooge n'eut pas besoin qu'on lui dise que l'horloge allait de nouveau sonner une heure. Il sentit de lui-même qu'il reprenait connaissance juste à point nommé pour se mettre en rapport avec le second messager qui lui serait envoyé par l'intervention de Jacob Marley. Mais, trouvant très désagréable le frisson qu'il éprouvait en restant là à se demander lequel de ses rideaux tirerait ce nouveau spectre, il les tira tous les deux de ses propres mains, puis, se laissant retomber sur son oreiller, il tint l'œil au guet tout autour de son lit, car il désirait affronter bravement l'esprit au moment de son apparition, et n'avait envie ni d'être assailli par surprise, ni de se laisser dominer par une trop vive émotion.*

Gentlemen of the free–and–easy sort, who plume themselves on being acquainted with a move or two, and being usually equal to the time–of–day, express the wide range of their capacity for adventure by observing that they are good for anything from pitch–and–toss to manslaughter; between which opposite extremes, no doubt, there lies a tolerably wide and comprehensive range of subjects. Without venturing for Scrooge quite as hardily as this, I don't mind calling on you to believe that he was ready for a good broad field of strange appearances, and that nothing between a baby and rhinoceros would have astonished him very much.

Now, being prepared for almost anything, he was not by any means prepared for nothing; and, consequently, when the Bell struck One, and no shape appeared, he was taken with a violent fit of trembling. Five minutes, ten minutes, a quarter of an hour went by, yet nothing came. All this time, he lay upon his bed, the very core and centre of a blaze of ruddy light, which streamed upon it when the clock proclaimed the hour; and which, being only light, was more alarming than a dozen ghosts, as he was powerless to make out what it meant, or would be at; and was sometimes apprehensive that he might be at that very moment an interesting case of spontaneous combustion, without having the consolation of knowing it. At last, however, he began to think—as you or I would have thought at

Messieurs les esprits forts, habitués à ne douter de rien, qui se piquent d'être blasés sur tous les genres d'émotion, et de se trouver, à toute heure, à la hauteur des circonstances, expriment la vaste étendue de leur courage impassible en face des aventures imprévues, en se déclarant prêts à tout, depuis une partie de croix ou pile, jusqu'à une partie d'honneur (c'est ainsi, je crois, qu'on appelle l'homicide). Entre ces deux extrêmes, il se trouve, sans aucun doute, un champ assez spacieux et une grande variété de sujets. Sans vouloir faire de Scrooge un matamore si farouche, je ne saurais m'empêcher de vous prier de croire qu'il était prêt aussi à défier un nombre presque infini d'apparitions étranges et fantastiques, et à ne se laisser étonner par quoi que ce fût en ce genre, depuis la vue d'un enfant au berceau, jusqu'à celle d'un rhinocéros !

Mais, s'il s'attendait presque à tout, il n'était, par le fait, nullement préparé à ce qu'il n'y eût rien, et c'est pourquoi, quand l'horloge vint à sonner une heure, et qu'aucun fantôme ne lui apparut, il fut pris d'un frisson violent et se mit à trembler de tous ses membres. Cinq minutes, dix minutes, un quart d'heure se passèrent, rien ne se montra. Pendant tout ce temps, il demeura étendu sur son lit, où se réunissaient, comme en un point central, les rayons d'une lumière rougeâtre qui l'éclaira tout entier quand l'horloge annonça l'heure. Cette lumière toute seule lui causait plus d'alarmes qu'une douzaine de spectres, car il ne pouvait en comprendre ni la signification ni la cause, et parfois il craignait d'être en ce moment un cas intéressant de combustion spontanée, sans avoir au moins la consolation de le savoir. À la fin, cependant, il commença à penser, comme vous et moi l'aurions pensé d'abord (car c'est toujours la personne qui ne se trouve

first; for it is always the person not in the predicament who knows what ought to have been done in it, and would unquestionably have done it too—at last, I say, he began to think that the source and secret of this ghostly light might be in the adjoining room, from whence, on further tracing it, it seemed to shine. This idea taking full possession of his mind, he got up softly and shuffled in his slippers to the door.

The moment Scrooge's hand was on the lock, a strange voice called him by his name, and bade him enter. He obeyed.

It was his own room. There was no doubt about that. But it had undergone a surprising transformation. The walls and ceiling were so hung with living green, that it looked a perfect grove; from every part of which, bright gleaming berries glistened. The crisp leaves of holly, mistletoe, and ivy reflected back the light, as if so many little mirrors had been scattered there; and such a mighty blaze went roaring up the chimney, as that dull petrification of a hearth had never known in Scrooge's time, or Marley's, or for many and many a winter season gone. Heaped up on the floor, to form a kind of throne, were turkeys, geese, game, poultry, brawn, great joints of meat, sucking–pigs, long wreaths of sausages, mince–pies, plum–puddings, barrels of oysters, red–hot chestnuts, cherry–cheeked apples, juicy oranges, luscious pears, immense twelfth–cakes, and seething bowls of punch, that made the chamber dim with their

point dans l'embarras, qui sait ce qu'on aurait dû faire alors, et ce qu'elle aurait fait incontestablement) ; à la fin, dis-je, il commença à penser que le foyer mystérieux de cette lumière fantastique pourrait être dans la chambre voisine, d'où, en la suivant pour ainsi dire à la trace, on reconnaissait qu'elle semblait s'échapper. Cette idée s'empara si complètement de son esprit, qu'il se leva aussitôt tout doucement, mit ses pantoufles, et se glissa sans bruit du côté de la porte.

Au moment où Scrooge mettait la main sur la serrure, une voix étrange l'appela par son nom et lui dit d'entrer. Il obéit.

C'était bien son salon ; il n'y avait pas le moindre doute à cet égard ; mais son salon avait subi une transformation surprenante. Les murs et le plafond étaient si richement décorés de guirlandes de feuillage verdoyant, qu'on eût dit un bosquet véritable dont toutes les branches reluisaient de baies cramoisies. Les feuilles lustrées du houx, du gui et du lierre reflétaient la lumières comme si l'on y avait suspendu une infinité de petits miroirs ; dans la cheminée flambait un feu magnifique, tel que ce foyer morne et froid comme la pierre n'en avait jamais connu au temps de Scrooge ou de Marley, ni depuis bien des hivers. On voyait, entassés sur le plancher, pour former une sorte de trône, des dindes, des oies, du gibier de toute espèce, des volailles grasses, des viandes froides, des cochons de lait, des jambons, des aunes de saucisses, des pâtés de hachis, des plum-pudding, des barils d'huîtres, des marrons rôtis, des pommes vermeilles, des oranges juteuses, des poires succulentes, d'immense gâteaux des rois et des bols de punch bouillant qui obscurcissaient la chambre de leur délicieuse vapeur. Un joyeux géant,

delicious steam. In easy state upon this couch, there sat a jolly Giant, glorious to see; who bore a glowing torch, in shape not unlike Plenty's horn, and held it up, high up, to shed its light on Scrooge, as he came peeping round the door.

'Come in!' exclaimed the Ghost. 'Come in! and know me better, man!'

Scrooge entered timidly, and hung his head before this Spirit. He was not the dogged Scrooge he had been; and though the Spirit's eyes were clear and kind, he did not like to meet them.

'I am the Ghost of Christmas Present,' said the Spirit. 'Look upon me!'

Scrooge reverently did so. It was clothed in one simple green robe, or mantle, bordered with white fur. This garment hung so loosely on the figure, that its capacious breast was bare, as if disdaining to be warded or concealed by any artifice. Its feet, observable beneath the ample folds of the garment, were also bare; and on its head it wore no other covering than a holly wreath, set here and there with shining icicles. Its dark brown curls were long and free; free as its genial face, its sparkling eye, its open hand, its cheery voice, its unconstrained demeanour, and its joyful air. Girded round its middle was an antique scabbard; but no sword was in it, and the ancient sheath was eaten up with rust.

superbe à voir, s'étalait à l'aise sur ce lit de repos ; il portait à la main une torche allumée, dont la forme se rapprochait assez d'une corne d'abondance, et il l'éleva au-dessus de sa tête pour que sa lumière vint frapper Scrooge, lorsque ce dernier regarda au travers de la porte entrebâillée.

« Entrez ! s'écria le fantôme. Entrez ! N'ayez pas peur de faire plus ample connaissance avec moi, mon ami ! »

Scrooge entra timidement, inclinant la tête devant l'esprit. Ce n'était plus le Scrooge rechigné d'autrefois ; et, quoique les yeux du spectre fussent doux et bienveillants, il baissait les siens devant lui.

« Je suis l'esprit de Noël présent, dit le fantôme. Regardez-moi ! »

Scrooge obéit avec respect. Ce Noël-là était vêtu d'une simple robe, ou tunique, d'un vert foncé, bordée d'une fourrure blanche. Elle retombait si négligemment sur son corps, que sa large poitrine demeurait découverte, comme s'il eût dédaigné de chercher à se cacher ou à se garantir par aucun artifice. Ses pieds, qu'on pouvait voir sous les amples plis de cette robe, étaient nus pareillement ; et, sur sa tête, il ne portait pas d'autre coiffure qu'une couronne de houx, semée çà et là de petits glaçons brillants. Les longues boucles de sa chevelure brune flottaient en liberté ; elles étaient aussi libres que sa figure était franche, son œil étincelant, sa main ouverte, sa voix joyeuse, ses manières dépouillées de toute contrainte et son air riant. Un antique fourreau était suspendu à sa ceinture, mais sans épée, et à demi rongé par la rouille.

(Scrooge's Third Visitor) – *(Le troisième visiteur)*

'You have never seen the like of me before!' exclaimed the Spirit.

'Never,' Scrooge made answer to it.

'Have never walked forth with the younger members of my family;

« *Vous n'avez encore jamais vu mon semblable !* s'écria l'esprit.

— *Jamais*, répondit Scrooge.

— *Est-ce que vous n'avez jamais fait route avec les plus jeunes membres de ma*

meaning (for I am very young) my elder brothers born in these later years?' pursued the Phantom.

'I don't think I have,' said Scrooge. 'I am afraid I have not. Have you had many brothers, Spirit?'

'More than eighteen hundred,' said the Ghost.

'A tremendous family to provide for!' muttered Scrooge.

The Ghost of Christmas Present rose.

'Spirit,' said Scrooge submissively, 'conduct me where you will. I went forth last night on compulsion, and I learnt a lesson which is working now. To–night, if you have aught to teach me, let me profit by it.'

'Touch my robe!'

Scrooge did as he was told, and held it fast.

Holly, mistletoe, red berries, ivy, turkeys, geese, game, poultry, brawn, meat, pigs, sausages, oysters, pies, puddings, fruit, and punch, all vanished instantly. So did the room, the fire, the ruddy glow, the hour of night, and they stood in the city streets on Christmas morning, where (for the weather was severe) the people made a rough, but brisk and not unpleasant kind of music, in scraping the snow from the pavement in front of their dwellings, and from the tops of their houses, whence it was mad delight to the boys to see it come plumping down into the road below, and splitting into artificial little snow–storms.

The house fronts looked black

famille, je veux dire (car je suis très jeune) mes frères aînés de ces dernières années ? poursuivit le fantôme.

— Je ne le crois pas, dit Scrooge. J'ai peur que non. Est-ce que vous avez eu beaucoup de frères, esprit ?

— Plus de dix-huit cents, dit le spectre.

— Une famille terriblement nombreuse, quelle dépense ! » murmura Scrooge.

Le fantôme de Noël présent se leva.

« Esprit, dit Scrooge avec soumission, conduisez-moi où vous voudrez. Je suis sorti la nuit dernière malgré moi, et j'ai reçu une leçon qui commence à porter son fruit. Ce soir si vous avez quelque chose à m'apprendre, je ne demande pas mieux que d'en faire mon profit.

— Touchez ma robe ! »

Scrooge obéit et se cramponna à sa robe :

houx, gui, baies rouges, lierre, dindes, oies, gibier, volailles, jambon, viandes, cochons de lait, saucisses, huîtres, pâtés, pudding, fruits et punch, tout s'évanouit à l'instant. La chambre, le feu, la lueur rougeâtre, la nuit disparurent de même : ils se trouvèrent dans les rues de la ville, le matin de Noël, où les gens, sous l'impression d'un froid un peu vif, faisaient partout un genre de musique quelque peu sauvage, mais avec un entrain dont le bruit n'était pas sans charme, en raclant la neige qui couvrait les trottoirs devant leur maison, ou en la balayant de leurs gouttières, d'où elle tombait dans la rue à la grande joie des enfants, ravis de la voir ainsi rouler en autant de petites avalanches artificielles.

Les façades des maisons paraissaient

enough, and the windows blacker, contrasting with the smooth white sheet of snow upon the roofs, and with the dirtier snow upon the ground; which last deposit had been ploughed up in deep furrows by the heavy wheels of carts and waggons; furrows that crossed and re-crossed each other hundreds of times where the great streets branched off; and made intricate channels, hard to trace in the thick yellow mud and icy water. The sky was gloomy, and the shortest streets were choked up with a dingy mist, half thawed, half frozen, whose heavier particles descended in a shower of sooty atoms, as if all the chimneys in Great Britain had, by one consent, caught fire, and were blazing away to their dear hearts' content. There was nothing very cheerful in the climate or the town, and yet was there an air of cheerfulness abroad that the clearest summer air and brightest summer sun might have endeavoured to diffuse in vain.

For, the people who were shovelling away on the housetops were jovial and full of glee; calling out to one another from the parapets, and now and then exchanging a facetious snowball— better-natured missile far than many a wordy jest—laughing heartily if it went right and not less heartily if it went wrong. The poulterers' shops were still half open, and the fruiterers' were radiant in their glory. There were great, round, pot-bellied baskets of chestnuts, shaped like the waistcoats of jolly old gentlemen, lolling at the doors, and tumbling out into the street in their apoplectic opulence. There were

bien noires et les fenêtres encore davantage, par le contraste qu'elles offraient avec la nappe de neige unie et blanche qui s'étendait sur les toits, et celle même qui recouvrait la terre, quoiqu'elle fût moins virginale ; car la couche supérieure en avait été comme labourée en sillons profonds par les roues pesantes des charrettes et des voitures ; ces ornières légères se croisaient et se recroisaient l'une l'autre des milliers de fois aux carrefours des principales rues, et formaient un labyrinthe inextricable de rigoles entremêlées, à travers la bourbe jaunâtre durcie sous sa surface, et l'eau congelée par le froid. Le ciel était sombre ; les rues les plus étroites disparaissaient enveloppées dans un épais brouillard qui tombait en verglas et dont les atomes les plus pesants descendaient en une averse de suie, comme si toutes les cheminées de la Grande-Bretagne avaient pris feu de concert, et se ramonaient elles-mêmes à cœur joie. Londres, ni son climat, n'avaient rien de bien agréable. Cependant on remarquait partout dehors un air d'allégresse, que le plus beau jour et le plus brillant soleil d'été se seraient en vain efforcés d'y répandre.

En effet, les hommes qui déblayaient les toits paraissaient joyeux et de bonne humeur ; ils s'appelaient d'une maison à l'autre, et de temps en temps échangeaient en plaisantant une boule de neige (projectile assurément plus inoffensif que maint sarcasme), riant de tout leur cœur quand elle atteignait le but, et de grand cœur aussi quand elle venait à le manquer. Les boutiques de marchands de volailles étaient encore à moitié ouvertes, celles des fruitiers brillaient de toute leur splendeur. Ici de gros paniers, ronds, au ventre rebondi, pleins de superbes marrons, s'étalant sur les portes, comme les larges gilets de ces bons vieux gastronomes s'étalent sur leur abdomen, semblaient prêts à tomber dans la rue, victimes de leur corpulence apoplectique ; là, des

ruddy, brown–faced, broad–girthed Spanish onions, shining in the fatness of their growth like Spanish Friars, and winking from their shelves in wanton slyness at the girls as they went by, and glanced demurely at the hung–up mistletoe. There were pears and apples, clustered high in blooming pyramids; there were bunches of grapes, made, in the shopkeepers' benevolence to dangle from conspicuous hooks, that people's mouths might water gratis as they passed; there were piles of filberts, mossy and brown, recalling, in their fragrance, ancient walks among the woods, and pleasant shufflings ankle deep through withered leaves; there were Norfolk Biffins, squat and swarthy, setting off the yellow of the oranges and lemons, and, in the great compactness of their juicy persons, urgently entreating and beseeching to be carried home in paper bags and eaten after dinner. The very gold and silver fish, set forth among these choice fruits in a bowl, though members of a dull and stagnant–blooded race, appeared to know that there was something going on; and, to a fish, went gasping round and round their little world in slow and passionless excitement.	*oignons d'Espagne rougeâtres, hauts en couleur, aux larges flancs, rappelant par cet embonpoint heureux les moines de leur patrie, et lançant du haut de leurs tablettes, d'agaçantes œillades aux jeunes filles qui passaient en jetant un coup d'œil discret sur les branches de gui suspendues en guirlandes ; puis encore, des poires, des pommes amoncelées en pyramides appétissantes ; les grappes de raisin, que les marchands avaient eu l'attention délicate de suspendre aux endroits les plus exposés à la vue, afin que les amateurs se sentissent venir l'eau à la bouche et pussent se rafraîchir gratis en passant ; des tas de noisettes, moussues et brunes, faisant souvenir, par leur bonne odeur, d'anciennes promenades dans les bois, où l'on avait le plaisir d'enfoncer jusqu'à la cheville au milieu des feuilles sèches ; des biffins de Norfolk, dodues et brunes, qui faisaient ressortir la teinte dorée des oranges et des citrons, et semblaient se recommander avec instance par leur volume et leur apparence juteuse, pour qu'on les emportât dans des sacs de papier, afin de les manger au dessert. Les poissons d'or et d'argent, eux-mêmes, exposés dans des bocaux parmi ces fruits de choix, quoique appartenant à une race triste et apathique, paraissaient s'apercevoir, tout poissons qu'il étaient, qu'il se passait quelque chose d'extraordinaire, allaient et venaient, ouvrant la bouche tout autour de leur petit univers, dans un état d'agitation hébétée.*
The Grocers'! oh, the Grocers'! nearly closed, with perhaps two shutters down, or one; but through those gaps such glimpses! It was not alone that the scales descending on the counter made a merry sound, or that the twine and roller parted company so briskly, or that the canisters were rattled up and down like juggling tricks, or even that the blended scents of tea and	*Et les épiciers donc ! oh ! les épiciers ! Leurs boutiques étaient presque fermées, moins peut-être un volet ou deux demeurés ouverts ; mais que de belles choses se laissaient voir à travers ces étroites lacunes ! Ce n'était pas seulement le son joyeux des balances retombant sur le comptoir, ou le craquement de la ficelle sous les ciseaux qui la séparent vivement de sa bobine pour envelopper les paquets, ni le cliquetis incessant des bottes de fer-*

coffee were so grateful to the nose, or even that the raisins were so plentiful and rare, the almonds so extremely white, the sticks of cinnamon so long and straight, the other spices so delicious, the candied fruits so caked and spotted with molten sugar as to make the coldest lookers-on feel faint and subsequently bilious. Nor was it that the figs were moist and pulpy, or that the French plums blushed in modest tartness from their highly-decorated boxes, or that everything was good to eat and in its Christmas dress; but the customers were all so hurried and so eager in the hopeful promise of the day, that they tumbled up against each other at the door, crashing their wicker baskets wildly, and left their purchases upon the counter, and came running back to fetch them, and committed hundreds of the like mistakes, in the best humour possible; while the Grocer and his people were so frank and fresh that the polished hearts with which they fastened their aprons behind might have been their own, worn outside for general inspection, and for Christmas daws to peck at if they chose.

But soon the steeples called good people all, to church and chapel, and away they came, flocking through the streets in their best clothes, and with their gayest faces. And at the same time there emerged from scores of bye-streets, lanes, and nameless turnings, innumerable people, carrying their dinners to the bakers'

blanc pour servir le thé ou le moka aux pratiques. Pan, pan, sur le comptoir; parais, disparais, elles voltigeaient entre les mains des garçons comme les gobelets d'un escamoteur ; ce n'étaient pas seulement les parfums mélangés du thé et du café si agréables à l'odorat, les raisins secs si beaux et si abondants, les amandes d'une si éclatante blancheur, les bâtons de cannelle si longs et si droits, les autres épices si délicieuses, les fruits confits si bien glacés et tachetés de sucre candi, que leur vue seule bouleversait les spectateurs les plus indifférents et les faisait sécher d'envie ; ni les figues moites et charnues, ou les pruneaux de Tours et d'Agen, à la rougeur modeste, au goût acidulé, dans leurs corbeilles richement décorées, ni enfin toutes ces bonnes choses ornées de leur parure de fête ; mais il fallait voir les pratiques, si empressées et si avides de réaliser les espérances du jour, quelles se bousculaient à la porte, heurtaient violemment l'un contre l'autre leurs paniers à provisions, oubliaient leurs emplettes sur le comptoir, revenaient les chercher en courant, et commettaient mille erreurs semblables de la meilleure humeur du monde, tandis que l'épicier et ses garçons montraient tant de franchise et de rondeur, que les cœurs de cuivre poli avec lesquels ils tenaient attachées par derrière leurs serpillières, étaient l'image de leurs propres cœurs exposés au public pour passer une inspection générale..., de beaux cœurs dorés, des cœurs à prendre, si vous voulez, mesdemoiselles !

Mais bientôt les cloches appelèrent les bonnes gens à l'église ou à la chapelle ; ils sortirent par troupes pour s'y rendre, remplissant les rues, dans leurs plus beaux habits et avec leurs plus joyeux visages. Au même moment, d'une quantité de petites rues latérales, de passages et de cours sans nom, s'élancèrent une multitude innombrable de personnes, portant leur dîner chez le boulanger pour le mettre au

shops. The sight of these poor revellers appeared to interest the Spirit very much, for he stood with Scrooge beside him in a baker's doorway, and taking off the covers as their bearers passed, sprinkled incense on their dinners from his torch. And it was a very uncommon kind of torch, for once or twice when there were angry words between some dinner-carriers who had jostled each other, he shed a few drops of water on them from it, and their good humour was restored directly. For they said, it was a shame to quarrel upon Christmas Day. And so it was! God love it, so it was!

In time the bells ceased, and the bakers were shut up; and yet there was a genial shadowing forth of all these dinners and the progress of their cooking, in the thawed blotch of wet above each baker's oven; where the pavement smoked as if its stones were cooking too.

'Is there a peculiar flavour in what you sprinkle from your torch?' asked Scrooge.

'There is. My own.'

'Would it apply to any kind of dinner on this day?' asked Scrooge.

'To any kindly given. To a poor one most.'

'Why to a poor one most?' asked Scrooge.

'Because it needs it most.'

'Spirit,' said Scrooge, after a moment's thought, 'I wonder you, of all the beings in the many worlds

four. La vue de ces pauvres gens chargés de leurs galas parut beaucoup intéresser l'esprit, car il se tint, avec Scrooge à ses côtés, sur le seuil d'une boulangerie, et, soulevant le couvercle des plats à mesure qu'ils passaient, il arrosait d'encens leur dîner avec sa torche. C'était, en vérité, une torche fort extraordinaire que la sienne, car, une fois ou deux, quelques porteurs de dîners s'étant adressé des paroles de colère pour s'être heurtés un peu rudement dans leur empressement, il en fit tomber sur eux quelques gouttes d'eau ; et aussitôt ces hommes reprirent toute leur bonne humeur, s'écriant que c'était une honte de se quereller un jour de Noël. Et rien de plus vrai ! mon Dieu ! rien de plus vrai !

Peu à peu les cloches se turent, les boutiques de boulangers se fermèrent, mais il y avait comme un avant-goût réjouissant de tous ces dîners et des progrès de leur cuisson dans la vapeur humide qui dégelait en l'air au-dessus de chaque four, dont le carreau fumait comme s'il cuisait avec les plats.

« Y a-t-il donc une saveur particulière dans ces gouttes que vous faites tomber de votre torche en la secouant ? demanda Scrooge.

— Certainement, il y a ma saveur, à moi.

— Est-ce qu'elle peut se communiquer à toute espèce de dîner aujourd'hui ? demanda Scrooge.

— À tout dîner offert cordialement, et surtout aux plus pauvres.

— Pourquoi aux plus pauvres ?

— Parce que ce sont ceux qui en ont le plus besoin.

— Esprit, dit Scrooge après un instant de réflexion, je m'étonne alors que, parmi tous les êtres qui remplissent les

about us, should desire to cramp these people's opportunities of innocent enjoyment.'

'I!' cried the Spirit.

'You would deprive them of their means of dining every seventh day, often the only day on which they can be said to dine at all,' said Scrooge. 'Wouldn't you?'

'I!' cried the Spirit.

'You seek to close these places on the Seventh Day?' said Scrooge. 'And it comes to the same thing.'

'I seek!' exclaimed the Spirit.

'Forgive me if I am wrong. It has been done in your name, or at least in that of your family,' said Scrooge.

'There are some upon this earth of yours,' returned the Spirit, 'who lay claim to know us, and who do their deeds of passion, pride, ill-will, hatred, envy, bigotry, and selfishness in our name, who are as strange to us and all our kith and kin, as if they had never lived. Remember that, and charge their doings on themselves, not us.'

Scrooge promised that he would; and they went on, invisible, as they had been before, into the suburbs of the town. It was a remarkable quality of the Ghost (which Scrooge had observed at the baker's), that notwithstanding his gigantic size, he could accommodate himself to any place

mondes situés autour de nous, des esprits comme vous se soient chargés d'une commission aussi peu charitable : celle de priver ces pauvres gens des occasions qui s'offrent à eux de prendre un plaisir innocent.

— Moi ! s'écria l'esprit.

— Oui, puisque vous les privez du moyen de dîner tous les huit jours, et cela le seul jour souvent où l'on puisse dire qu'ils dînent, continua Scrooge. N'est-ce pas vrai ?

— Moi ! s'écria l'esprit.

— Certainement ; n'est-ce pas vous qui cherchez à faire fermer ces fours le jour du sabbat ? dit Scrooge. Et cela ne revient-il pas au même ?

— Moi ! je cherche cela ! s'écria l'esprit.

— Pardonnez-moi, si je me trompe. Cela se fait en votre nom ou, du moins, au nom de votre famille, dit Scrooge.

— Il y a, répondit l'esprit, sur cette terre où vous habitez, des hommes qui ont la prétention de nous connaître et qui, sous notre nom, ne font que servir leurs passions coupables, l'orgueil, la méchanceté, la haine, l'envie, la bigoterie et l'égoïsme ; mais ils sont aussi étrangers à nous et à toute notre famille que s'ils n'avaient jamais vu le jour. Rappelez-vous cela, et une autre fois rendez-les responsables de leurs actes, mais non pas nous. »

Scrooge le lui promit ; alors ils se transportèrent, invisibles comme ils l'avaient été jusque-là, dans les faubourgs de la ville. Une faculté remarquable du spectre (Scrooge l'avait observé déjà chez le boulanger) était de pouvoir, nonobstant sa taille gigantesque, s'arranger de toute place, sans être gêné, en sorte que, sous le toit le plus bas, il conservait la même

with ease; and that he stood beneath a low roof quite as gracefully and like a supernatural creature, as it was possible he could have done in any lofty hall.

And perhaps it was the pleasure the good Spirit had in showing off this power of his, or else it was his own kind, generous, hearty nature, and his sympathy with all poor men, that led him straight to Scrooge's clerk's; for there he went, and took Scrooge with him, holding to his robe; and on the threshold of the door the Spirit smiled, and stopped to bless Bob Cratchit's dwelling with the sprinkling of his torch. Think of that! Bob had but fifteen 'Bob' a–week himself; he pocketed on Saturdays but fifteen copies of his Christian name; and yet the Ghost of Christmas Present blessed his four–roomed house!

Then up rose Mrs. Cratchit, Cratchit's wife, dressed out but poorly in a twice–turned gown, but brave in ribbons, which are cheap and make a goodly show for sixpence; and she laid the cloth, assisted by Belinda Cratchit, second of her daughters, also brave in ribbons; while Master Peter Cratchit plunged a fork into the saucepan of potatoes, and getting the corners of his monstrous shirt collar (Bob's private property, conferred upon his son and heir in honour of the day) into his mouth, rejoiced to find himself so gallantly attired, and yearned to show his linen in the fashionable Parks. And now two smaller Cratchits, boy and girl, came tearing in, screaming that outside the baker's they had smelt the goose, and known it for their own; and basking in luxurious thoughts of sage and onion, these

grâce, la même majesté surnaturelle qu'il eût pu le faire sous la voûte la plus élevée d'un palais.

Peut-être était-ce le plaisir qu'éprouvait le bon esprit à faire montre de cette faculté singulière, ou bien encore la tendance de sa nature bienveillante, généreuse, cordiale et sa sympathie pour les pauvres qui le conduisit tout droit chez le commis de Scrooge ; c'est là, en effet, qu'il porta ses pas, emmenant avec lui Scrooge, toujours cramponné à sa robe. Sur le seuil de la porte, l'esprit sourit et s'arrêta pour bénir, en l'aspergeant de sa torche, la demeure de Bob Cratchit. Voyez ! Bob n'avait lui-même que quinze Bob par semaine ; chaque samedi il n'empochait que quinze exemplaires de son nom de baptême, et pourtant le fantôme du Noël présent n'en bénit pas moins sa petite maison, composée de quatre chambres !

Alors se leva mistress Cratchit, la femme de Cratchit, pauvrement vêtue d'une robe retournée, mais, en revanche, toute parée de rubans à bon marché, de ces rubans qui produisent, ma foi, un joli effet, pour la bagatelle de douze sous. Elle mettait le couvert, aidée de Belinda Cratchit, la seconde de ses filles, tout aussi enrubannée que sa mère, tandis que maître Pierre Cratchit plongeait une fourchette dans la marmite remplie de pommes de terre et ramenait jusque dans sa bouche les coins de son monstrueux col de chemise, pas précisément son col de chemise, car c'était celle de son père ; mais Bob l'avait prêtée ce jour-là, en l'honneur de Noël, à son héritier présomptif, lequel, heureux de se voir si bien attifé, brûlait d'aller montrer son linge dans les parcs fashionables. Et puis deux autres petits Cratchit, garçon et fille, se précipitèrent dans la chambre en s'écriant qu'ils venaient de flairer l'oie devant la boutique du boulanger, et qu'ils l'avaient bien

young Cratchits danced about the table, and exalted Master Peter Cratchit to the skies, while he (not proud, although his collars nearly choked him) blew the fire, until the slow potatoes bubbling up, knocked loudly at the saucepan–lid to be let out and peeled.

'What has ever got your precious father then?' said Mrs. Cratchit. 'And your brother, Tiny Tim! And Martha warn't as late last Christmas Day by half–an–hour?'

'Here's Martha, mother!' said a girl, appearing as she spoke.

'Here's Martha, mother!' cried the two young Cratchits. 'Hurrah! There'ssuch a goose, Martha!'

'Why, bless your heart alive, my dear, how late you are!' said Mrs. Cratchit, kissing her a dozen times, and taking off her shawl and bonnet for her with officious zeal.

'We'd a deal of work to finish up last night,' replied the girl, 'and had to clear away this morning, mother!'

'Well! Never mind so long as you are come,' said Mrs. Cratchit. 'Sit ye down before the fire, my dear, and have a warm, Lord bless ye!'

'No, no! There's father coming,' cried the two young Cratchits, who were everywhere at once. 'Hide, Martha, hide!'

reconnue pour la leur. Ivres d'avance à la pensée d'une bonne sauce à la sauge et à l'oignon, les petits gourmands se mirent à danser de joie autour de la table, et portèrent aux nues maître Pierre Cratchit, le cuisinier du jour, tandis que ce dernier (pas du tout fier, quoique son col de chemise fût si copieux qu'il menaçait de l'étouffer) soufflait le feu, tant et si bien que les pommes de terre en retard rattrapèrent le temps perdu et vinrent taper, en bouillant, contre le couvercle de la casserole, pour avertir qu'elles étaient bonnes à retirer et à peler.

« Qu'est-ce qui peut donc retenir votre excellent père ? dit mistress Cratchit. Et votre frère Tiny Tim ? et Martha ? Au dernier Noël, elle était déjà arrivée depuis une demi-heure !

— La voici, Martha, mère ! s'écria une jeune fille qui parut en même temps.

— Voici Martha, mère ! répétèrent les deux petits Cratchit. Hourra ! si vous saviez comme il y a une belle oie, Martha !

— Ah ! chère enfant, que le bon Dieu vous bénisse ! Comme vous venez tard ! dit mistress Cratchit l'embrassant une douzaine de fois et la débarrassant de son châle et de son chapeau avec une tendresse empressée.

— C'est que nous avions beaucoup d'ouvrage à terminer hier soir, ma mère, répondit la jeune fille, et, ce matin, il a fallu le livrer !

— Bien ! bien ! n'y pensons plus, puisque vous voilà, dit mistress Cratchit. Allons ! asseyez-vous près du feu et chauffez-vous, ma chère enfant !

— Non, non ! voici papa qui vient, crièrent les deux petits Cratchit qu'on voyait partout en même temps. Cache-toi, Martha, cache-toi ! »

So Martha hid herself, and in came little Bob, the father, with at least three feet of comforter exclusive of the fringe, hanging down before him; and his threadbare clothes darned up and brushed, to look seasonable; and Tiny Tim upon his shoulder. Alas for Tiny Tim, he bore a little crutch, and had his limbs supported by an iron frame!

'Why, where's our Martha?' cried Bob Cratchit, looking round.

'Not coming,' said Mrs. Cratchit.

'Not coming!' said Bob, with a sudden declension in his high spirits; for he had been Tim's blood horse all the way from church, and had come home rampant. 'Not coming upon Christmas Day!'

Martha didn't like to see him disappointed, if it were only in joke; so she came out prematurely from behind the closet door, and ran into his arms, while the two young Cratchits hustled Tiny Tim, and bore him off into the wash-house, that he might hear the pudding singing in the copper.

'And how did little Tim behave?' asked Mrs. Cratchit, when she had rallied Bob on his credulity, and Bob had hugged his daughter to his heart's content.

'As good as gold,' said Bob, 'and better. Somehow he gets thoughtful, sitting by himself so much, and thinks the strangest things you ever heard. He told me, coming home, that he hoped the people saw him in the church, because he was a cripple, and it

Et Martha se cacha ; puis entra le petit Bob, le père Bob avec son cache-nez pendant de trois pieds au moins devant lui, sans compter la frange ; ses habits usés jusqu'à la corde étaient raccommodés et brossés soigneusement, pour leur donner un air de fête ; Bob portait Tiny Tim sur son épaule. Hélas ! le pauvre Tiny Tim ! il avait une petite béquille et une mécanique en fer pour soutenir ses jambes.

« *Eh bien ! où est notre Martha ? s'écria Bob Cratchit en jetant les yeux tout autour de lui.*

— *Elle ne vient pas, répondit mistress Cratchit.*

— *Elle ne vient pas ? dit Bob, frappé d'un abattement soudain et perdant en un clin d'œil tout cet élan de gaieté avec lequel il avait porté Tiny Tim depuis l'église, toujours courant comme son dada, un vrai cheval de course. Elle ne vient pas ! un jour de Noël !* »

Martha ne put supporter de le voir ainsi contrarié, même pour rire ; aussi n'attendit-elle pas plus longtemps pour sortir de sa cachette, derrière la porte du cabinet, et courut-elle se jeter dans ses bras, tandis que les deux petits Cratchit s'emparèrent de Tiny Tim et le portèrent dans la buanderie, afin qu'il pût entendre le pudding chanter dans la casserole.

« *Et comment s'est comporté le petit Tiny Tim ? demanda Mrs Cratchit après qu'elle eût raillé Bob de sa crédulité et que Bob eût embrassé sa fille tout à son aise.*

— *Comme un vrai bijou, dit Bob, et mieux encore. Obligé qu'il est de demeurer si longtemps assis tout seul, il devient réfléchi, et on ne saurait croire toutes les idées qui lui passent par la tête. Il me disait, en revenant, qu'il espérait avoir été remarqué dans l'église par les fidèles, parce qu'il est estropié, et que les chrétiens*

might be pleasant to them to remember upon Christmas Day, who made lame beggars walk, and blind men see.'

Bob's voice was tremulous when he told them this, and trembled more when he said that Tiny Tim was growing strong and hearty.

His active little crutch was heard upon the floor, and back came Tiny Tim before another word was spoken, escorted by his brother and sister to his stool before the fire; and while Bob, turning up his cuffs—as if, poor fellow, they were capable of being made more shabby—compounded some hot mixture in a jug with gin and lemons, and stirred it round and round and put it on the hob to simmer; Master Peter, and the two ubiquitous young Cratchits went to fetch the goose, with which they soon returned in high procession.

Such a bustle ensued that you might have thought a goose the rarest of all birds; a feathered phenomenon, to which a black swan was a matter of course—and in truth it was something very like it in that house. Mrs. Cratchit made the gravy (ready beforehand in a little saucepan) hissing hot; Master Peter mashed the potatoes with incredible vigour; Miss Belinda sweetened up the apple-sauce; Martha dusted the hot plates; Bob took Tiny Tim beside him in a tiny corner at the table; the two young Cratchits set chairs for everybody, not forgetting themselves, and mounting guard upon their posts, crammed spoons into their mouths, lest they should shriek for goose before their turn came to be helped.

doivent aimer, surtout un jour de Noël, à se rappeler celui qui a fait marcher les boiteux et voir les aveugles. »

La voix de Bob tremblait en répétant ces mots ; elle trembla plus encore quand il ajouta que Tiny Tim devenait chaque jour plus fort et plus vigoureux.

On entendit retentir sur le plancher son active petite béquille, et, à l'instant, Tiny Tim rentra, escorté par le petit frère et la petite sœur jusqu'à son tabouret, près du feu. Alors Bob, retroussant ses manches par économie, comme si, le pauvre garçon ! elles pouvaient s'user davantage, prit du genièvre et des citrons et en composa dans un bol une sorte de boisson chaude, qu'il fit mijoter sur la plaque après l'avoir agitée dans tous les sens ; pendant ce temps, maître Pierre et les deux petits Cratchit, qu'on était sûr de trouver partout, allèrent chercher l'oie, qu'ils rapportèrent bientôt en procession triomphale.

À voir le tumulte causé par cette apparition, on aurait dit qu'une oie est le plus rare de tous les volatiles, un phénomène emplumé, auprès duquel un cygne noir serait un lieu commun ; et, en vérité, une oie était bien en effet une des sept merveilles dans cette pauvre maison. Mrs Cratchit fit bouillir le jus, préparé d'avance, dans une petite casserole ; maître Pierre écrasa les pommes de terre avec une vigueur incroyable ; miss Belinda sucra la sauce aux pommes ; Martha essuya les assiettes chaudes ; Bob fit asseoir Tiny Tim près de lui à l'un des coins de la table ; les deux petits Cratchit placèrent des chaises pour tout le monde, sans s'oublier eux-mêmes, et, une fois en faction à leur poste, fourrèrent leurs cuillers dans leur bouche pour ne point céder à la tentation de demander de l'oie avant que vînt leur tour d'être servis. Enfin, les plats

At last the dishes were set on, and grace was said. It was succeeded by a breathless pause, as Mrs. Cratchit, looking slowly all along the carving–knife, prepared to plunge it in the breast; but when she did, and when the long expected gush of stuffing issued forth, one murmur of delight arose all round the board, and even Tiny Tim, excited by the two young Cratchits, beat on the table with the handle of his knife, and feebly cried Hurrah!

There never was such a goose. Bob said he didn't believe there ever was such a goose cooked. Its tenderness and flavour, size and cheapness, were the themes of universal admiration. Eked out by apple–sauce and mashed potatoes, it was a sufficient dinner for the whole family; indeed, as Mrs. Cratchit said with great delight (surveying one small atom of a bone upon the dish), they hadn't ate it all at last! Yet every one had had enough, and the youngest Cratchits in particular, were steeped in sage and onion to the eyebrows! But now, the plates being changed by Miss Belinda, Mrs. Cratchit left the room alone—too nervous to bear witnesses—to take the pudding up and bring it in.

Suppose it should not be done enough! Suppose it should break in turning out! Suppose somebody should have got over the wall of the back–yard, and stolen it, while they were merry with the goose—a supposition at which the two young Cratchits became livid! All sorts of horrors were supposed.

Hallo! A great deal of steam! The pudding was out of the copper. A smell like a washing–day! That

furent mis sur la table, et l'on dit le Benedicite, suivi d'un moment de silence général, lorsque Mrs Cratchit, promenant lentement son regard le long du couteau à découper, se prépara à le plonger dans les flancs de la bête ; mais à peine l'eut-elle fait, à peine la farce si longtemps attendue se fut-elle précipitée par cette ouverture, qu'un murmure de bonheur éclata tout autour de la table, et Tiny Tim lui-même, excité par les deux petits Cratchit, frappa sur la table avec le manche de son couteau, et cria d'une voix faible : « Hourra ! »

Jamais on ne vit oie pareille ! Bob dit qu'il ne croyait pas qu'on en eût jamais fait cuire une semblable. Sa tendreté, sa saveur, sa grosseur, son bon marché, furent le texte commenté par l'admiration universelle ; avec la sauce aux pommes et la purée de pommes de terre, elle suffit amplement pour le dîner de toute la famille. « En vérité, dit Mrs Cratchit, apercevant un petit atome d'os resté sur un plat, on n'a pas seulement pu manger tout », et pourtant tout le monde en avait eu à bouche que veux-tu ; et les deux petits Cratchit, en particulier, étaient barbouillés jusqu'aux yeux de sauce à la sauge et à l'oignon. Mais alors, les assiettes ayant été changées par miss Belinda, Mrs Cratchit sortit seule, trop émue pour supporter la présence de témoins, afin d'aller chercher le pudding et de l'apporter sur la table.

Supposez qu'il soit manqué ! supposez qu'il se brise quand on le retournera ! supposez que quelqu'un ait sauté par-dessus le mur de l'arrière-cour et l'ait volé pendant qu'on se régalait de l'oie ; à cette supposition, les deux petits Cratchit devinrent blêmes ! Il n'y avait pas d'horreurs dont on ne fît la supposition.

Oh ! oh ! quelle vapeur épaisse ! Le pudding était tiré du chaudron. Quelle bonne odeur de lessive ! (c'était le linge qui

was the cloth. A smell like an eating–house and a pastrycook's next door to each other, with a laundress's next door to that! That was the pudding! In half a minute Mrs. Cratchit entered—flushed, but smiling proudly—with the pudding, like a speckled cannon–ball, so hard and firm, blazing in half of half–a–quarter of ignited brandy, and bedight with Christmas holly stuck into the top.

Oh, a wonderful pudding! Bob Cratchit said, and calmly too, that he regarded it as the greatest success achieved by Mrs. Cratchit since their marriage. Mrs. Cratchit said that now the weight was off her mind, she would confess she had had her doubts about the quantity of flour. Everybody had something to say about it, but nobody said or thought it was at all a small pudding for a large family. It would have been flat heresy to do so. Any Cratchit would have blushed to hint at such a thing.

At last the dinner was all done, the cloth was cleared, the hearth swept, and the fire made up. The compound in the jug being tasted, and considered perfect, apples and oranges were put upon the table, and a shovel–full of chestnuts on the fire. Then all the Cratchit family drew round the hearth, in what Bob Cratchit called a circle, meaning half a one; and at Bob Cratchit's elbow stood the family display of glass. Two tumblers, and a custard–cup without a handle.

These held the hot stuff from the jug, however, as well as golden goblets would have done; and Bob served it out with beaming looks, while the chestnuts on the fire

l'enveloppait). Quel mélange d'odeurs appétissantes, qui rappellent le restaurateur, le pâtissier de la maison d'à côté et la blanchisseuse sa voisine ! C'était le pudding. Après une demi-minute à peine d'absence, Mrs Cratchit rentrait, le visage animé, mais souriante et toute glorieuse, avec le pudding, semblable à un boulet de canon tacheté, si dur, si ferme, nageant au milieu d'un quart de pinte d'eau-de-vie enflammée et surmonté de la branche de houx consacrée à Noël.

Oh ! quel merveilleux pudding ! Bob Cratchit déclara, et cela d'un ton calme et sérieux, qu'il le regardait comme le chef-d'œuvre de Mrs Cratchit depuis leur mariage. Mrs Cratchit répondit que, à présent qu'elle n'avait plus ce poids sur le cœur, elle avouerait qu'elle avait eu quelques doutes sur la quantité de farine. Chacun eut quelque chose à en dire, mais personne ne s'avisa de dire, s'il le pensa, que c'était un bien petit pudding pour une aussi nombreuse famille. Franchement, c'eût été bien vilain de le penser ou de le dire. Il n'y a pas de Cratchit qui n'en eût rougi de honte.

Enfin, le dîner achevé, on enleva la nappe, un coup de balai fut donné au foyer et le feu ravivé. Le grog fabriqué par Bob ayant été goûté et trouvé parfait, on mit des pommes et des oranges sur la table et une grosse poignée de marrons sous les cendres. Alors toute la famille se rangea autour du foyer en cercle, comme disait Bob Cratchit, il voulait dire en demi-cercle : on mit près de Bob tous les cristaux de la famille, savoir : deux verres à boire et un petit verre à servir la crème dont l'anse était cassée. Qu'est-ce que cela fait ?

Ils n'en contenaient pas moins la liqueur bouillante puisée dans le bol tout aussi bien que des gobelets d'or auraient pu le faire, et Bob la servit avec des yeux rayonnants de joie, tandis que les marrons

sputtered and cracked noisily. Then Bob proposed:

'A Merry Christmas to us all, my dears. God bless us!'

Which all the family re-echoed.

'God bless us every one!' said Tiny Tim, the last of all.

He sat very close to his father's side upon his little stool. Bob held his withered little hand in his, as if he loved the child, and wished to keep him by his side, and dreaded that he might be taken from him.

'Spirit,' said Scrooge, with an interest he had never felt before, 'tell me if Tiny Tim will live.'

'I see a vacant seat,' replied the Ghost, 'in the poor chimney-corner, and a crutch without an owner, carefully preserved. If these shadows remain unaltered by the Future, the child will die.'

'No, no,' said Scrooge. 'Oh, no, kind Spirit! say he will be spared.'

'If these shadows remain unaltered by the Future, none other of my race,' returned the Ghost, 'will find him here. What then? If he be like to die, he had better do it, and decrease the surplus population.'

Scrooge hung his head to hear his own words quoted by the Spirit, and was overcome with penitence and grief.

'Man,' said the Ghost, 'if man you be in heart, not adamant, forbear that wicked cant until you have discovered What the surplus is, and Where it is. Will you decide what men shall live, what men shall die? It may be, that in the sight of Heaven, you are more worthless

se fendaient avec fracas et pétillaient sous la cendre. Alors Bob proposa ce toast :

« *Un joyeux Noël pour nous tous, mes amis ! Que Dieu nous bénisse !* »

La famille entière fit écho.

« *Que Dieu bénisse chacun de nous !* », *dit Tiny Tim le dernier de tous.*

Il était assis très près de son père sur son tabouret. Bob tenait sa petite main flétrie dans la sienne, comme s'il eût voulu lui donner une marque plus particulière de sa tendresse et le garder à ses côtés de peur qu'on ne vînt le lui enlever.

« *Esprit, dit Scrooge avec un intérêt qu'il n'avait jamais éprouvé auparavant, dites-moi si Tiny Tim vivra.*

— Je vois une place vacante au coin du pauvre foyer, répondit le spectre, et une béquille sans propriétaire qu'on garde soigneusement. Si mon successeur ne change rien à ces images, l'enfant mourra.

— Non, non, dit Scrooge. Oh ! non, bon esprit ! dites qu'il sera épargné.

— Si mon successeur ne change rien à ces images, qui sont l'avenir, reprit le fantôme, aucun autre de ma race ne le trouvera ici. Eh bien ! après ! s'il meurt, il diminuera le superflu de la population. »

Scrooge baissa la tête lorsqu'il entendit l'esprit répéter ses propres paroles, et il se sentit pénétré de douleur et de repentir.

« *Homme, dit le spectre, si vous avez un cœur d'homme et non de pierre, cessez d'employer ce jargon odieux jusqu'à ce que vous ayez appris ce que c'est que ce superflu et où il se trouve. Voulez-vous donc décider quels hommes doivent vivre, quels hommes doivent mourir ? Il se peut qu'aux yeux de Dieu vous soyez moins*

and less fit to live than millions like this poor man's child. Oh God! to hear the Insect on the leaf pronouncing on the too much life among his hungry brothers in the dust!'

Scrooge bent before the Ghost's rebuke, and trembling cast his eyes upon the ground. But he raised them speedily, on hearing his own name.

'Mr. Scrooge!' said Bob; 'I'll give you Mr. Scrooge, the Founder of the Feast!'

'The Founder of the Feast indeed!' cried Mrs. Cratchit, reddening. 'I wish I had him here. I'd give him a piece of my mind to feast upon, and I hope he'd have a good appetite for it.'

'My dear,' said Bob, 'the children! Christmas Day.'

'It should be Christmas Day, I am sure,' said she, 'on which one drinks the health of such an odious, stingy, hard, unfeeling man as Mr. Scrooge. You know he is, Robert! Nobody knows it better than you do, poor fellow!'

'My dear,' was Bob's mild answer, 'Christmas Day.'

'I'll drink his health for your sake and the Day's,' said Mrs. Cratchit, 'not for his. Long life to him! A merry Christmas and a happy new year! He'll be very merry and very happy, I have no doubt!'

The children drank the toast after her. It was the first of their proceedings which had no heartiness. Tiny Tim drank it last of all, but he didn't care twopence for it. Scrooge was the Ogre of the

digne de vivre que des millions de créatures semblables à l'enfant de ce pauvre homme. Grand Dieu ! entendre l'insecte sur la feuille déclarer qu'il y a trop d'insectes vivants parmi ses frères affamés dans la poussière ! »

Scrooge s'humilia devant la réprimande de l'esprit, et, tout tremblant, abaissa ses regards vers la terre. Mais il les releva bientôt en entendant prononcer son nom.

« À M. Scrooge ! disait Bob ; je veux vous proposer la santé de M. Scrooge, le patron de notre petit gala.

— Un beau patron, ma foi ! s'écria Mme Cratchit, rouge d'émotion ; je voudrais le tenir ici, je lui en servirais un gala de ma façon, et il faudrait qu'il eût bon appétit pour s'en régaler !

— Ma chère, reprit Bob... ; les enfants !... le jour de Noël !

— Il faut, en effet, que ce soit le jour de Noël, continua-t-elle, pour qu'on boive à la santé d'un homme aussi odieux, aussi avare, aussi dur et aussi insensible que M. Scrooge. Vous savez s'il est tout cela, Robert ! Personne ne le sait mieux que vous, pauvre ami !

— Ma chère, répondit Bob doucement... le jour de Noël.

— Je boirai à sa santé pour l'amour de vous et en l'honneur de ce jour, dit Mrs Cratchit, mais non pour lui. Je lui souhaite donc une longue vie, joyeux Noël et heureuse année ! Voilà-t-il pas de quoi le rendre bien heureux et bien joyeux ! J'en doute. »

Les enfants burent à la santé de M. Scrooge après leur mère ; c'était la première chose qu'ils ne fissent pas ce jour-là de bon cœur ; Tiny Tim but le dernier, mais il aurait bien donné son toast pour deux sous. Scrooge était l'ogre de la

family. The mention of his name cast a dark shadow on the party, which was not dispelled for full five minutes.

After it had passed away, they were ten times merrier than before, from the mere relief of Scrooge the Baleful being done with. Bob Cratchit told them how he had a situation in his eye for Master Peter, which would bring in, if obtained, full five–and–sixpence weekly. The two young Cratchits laughed tremendously at the idea of Peter's being a man of business; and Peter himself looked thoughtfully at the fire from between his collars, as if he were deliberating what particular investments he should favour when he came into the receipt of that bewildering income. Martha, who was a poor apprentice at a milliner's, then told them what kind of work she had to do, and how many hours she worked at a stretch, and how she meant to lie abed to–morrow morning for a good long rest; to–morrow being a holiday she passed at home. Also how she had seen a countess and a lord some days before, and how the lord 'was much about as tall as Peter;' at which Peter pulled up his collars so high that you couldn't have seen his head if you had been there. All this time the chestnuts and the jug went round and round; and by–and–bye they had a song, about a lost child travelling in the snow, from Tiny Tim, who had a plaintive little voice, and sang it very well indeed.

There was nothing of high mark in this. They were not a handsome family; they were not well dressed; their shoes were far from being water–proof; their clothes were scanty; and Peter might have

famille ; la mention de son nom jeta sur cette petite fête un sombre nuage qui ne se dissipa complètement qu'après cinq grandes minutes.

Ce temps écoulé, ils furent dix fois plus gais qu'avant, dès qu'on en eut entièrement fini avec cet épouvantail de Scrooge. Bob Cratchit leur apprit qu'il avait en vue pour Master Pierre une place qui lui rapporterait, en cas de réussite, cinq schellings six pence par semaine. Les deux petits Cratchit rirent comme des fous en pensant que Pierre allait entrer dans les affaires, et Pierre lui-même regarda le feu d'un air pensif entre les deux pointes de son col, comme s'il se consultait déjà pour savoir quelle sorte de placement il honorerait de son choix quand il serait en possession de ce revenu embarrassant. Martha, pauvre apprentie chez une marchande de modes, raconta alors quelle espèce d'ouvrage elle avait à faire, combien d'heures elle travaillait sans s'arrêter, et se réjouit d'avance à la pensée qu'elle pourrait demeurer fort tard au lit le lendemain matin, jour de repos passé à la maison. Elle ajouta qu'elle avait vu, peu de jours auparavant, une comtesse et un lord, et que le lord était bien à peu près de la taille de Pierre ; sur quoi Pierre tira si haut son col de chemise, que vous n'auriez pu apercevoir sa tête si vous aviez été là. Pendant tout ce temps, les marrons et le pot au grog circulaient à la ronde, puis Tiny Tim se mit à chanter une ballade sur un enfant égaré au milieu des neiges ; Tiny Tim avait une petite voix plaintive et chanta sa romance à merveille, ma foi !

Il n'y avait rien dans tout cela de bien aristocratique. Ce n'était pas une belle famille ; ils n'étaient bien vêtus ni les uns ni les autres ; leurs souliers étaient loin d'être imperméables ; leurs habits n'étaient pas cossus ; Pierre pouvait bien même

known, and very likely did, the inside of a pawnbroker's. But, they were happy, grateful, pleased with one another, and contented with the time; and when they faded, and looked happier yet in the bright sprinklings of the Spirit's torch at parting, Scrooge had his eye upon them, and especially on Tiny Tim, until the last.

By this time it was getting dark, and snowing pretty heavily; and as Scrooge and the Spirit went along the streets, the brightness of the roaring fires in kitchens, parlours, and all sorts of rooms, was wonderful. Here, the flickering of the blaze showed preparations for a cosy dinner, with hot plates baking through and through before the fire, and deep red curtains, ready to be drawn to shut out cold and darkness. There all the children of the house were running out into the snow to meet their married sisters, brothers, cousins, uncles, aunts, and be the first to greet them. Here, again, were shadows on the window–blind of guests assembling; and there a group of handsome girls, all hooded and fur–booted, and all chattering at once, tripped lightly off to some near neighbour's house; where, woe upon the single man who saw them enter—artful witches, well they knew it—in a glow!

But, if you had judged from the numbers of people on their way to friendly gatherings, you might have thought that no one was at home to give them welcome when they got there, instead of every house expecting company, and piling up its fires half–chimney high. Blessings on it, how the Ghost

avoir fait la connaissance, j'en mettrais ma main au feu, avec la boutique de quelque fripier. Cependant ils étaient heureux, reconnaissants, charmés les uns des autres et contents de leur sort ; et, au moment où Scrooge les quitta, ils semblaient de plus en plus heureux encore à la lueur des étincelles que la torche de l'esprit répandait sur eux ; aussi les suivit-il du regard, et en particulier Tiny Tim, sur lequel il tint l'œil fixé jusqu'au bout.

Cependant la nuit était venue, sombre et noire ; la neige tombait à gros flocons, et, tandis que Scrooge parcourait les rues avec l'esprit, l'éclat des feux pétillait dans les cuisines, dans les salons, partout, avec un effet merveilleux. Ici, la flamme vacillante laissait voir les préparatifs d'un bon petit dîner de famille, avec les assiettes qui chauffaient devant le feu, et des rideaux épais d'un rouge foncé, qu'on allait tirer bientôt pour empêcher le froid et l'obscurité de la rue. Là, tous les enfants de la maison s'élançaient dehors dans la neige au-devant de leurs sœurs mariées, de leurs frères, de leurs cousins, de leurs oncles, de leurs tantes, pour être les premiers à leur dire bonjour. Ailleurs, les silhouettes des convives se dessinaient sur les stores. Un groupe de belles jeunes filles, encapuchonnées, chaussées de souliers fourrés, et causant toutes à la fois, se rendaient d'un pied léger chez quelque voisin ; malheur alors au célibataire (les rusées magiciennes, elles le savaient bien !) qui les y verrait faire leur entrée avec leur teint vermeil, animé par le froid !

À en juger par le nombre de ceux qu'ils rencontraient sur leur route se rendant à d'amicales réunions, vous auriez pu croire qu'il ne restait plus personne dans les maisons pour leur donner la bienvenue à leur arrivée, quoique ce fut tout le contraire ; pas une maison où l'on n'attendît compagnie, pas une cheminée où l'on n'eût empilé le charbon jusqu'à la

exulted! How it bared its breadth of breast, and opened its capacious palm, and floated on, outpouring, with a generous hand, its bright and harmless mirth on everything within its reach! The very lamplighter, who ran on before, dotting the dusky street with specks of light, and who was dressed to spend the evening somewhere, laughed out loudly as the Spirit passed, though little kenned the lamplighter that he had any company but Christmas!	*gorge. Aussi, Dieu du ciel ! comme l'esprit était ravi d'aise ! comme il découvrait sa large poitrine ! comme il ouvrait sa vaste main ! comme il planait au-dessus de cette foule, déversant avec générosité sa joie vive et innocente sur tout ce qui se trouvait à sa portée ! Il n'y eut pas jusqu'à l'allumeur de réverbères qui, dans sa course devant lui, marquant de points lumineux les rues ténébreuses, tout habillé déjà pour aller passer sa soirée quelque part, se mit à rire aux éclats lorsque l'esprit passa près de lui, bien qu'il ne sût pas, le brave homme, qu'il eût en ce moment pour compagnie Noël en personne.*
And now, without a word of warning from the Ghost, they stood upon a bleak and desert moor, where monstrous masses of rude stone were cast about, as though it were the burial-place of giants; and water spread itself wheresoever it listed, or would have done so, but for the frost that held it prisoner; and nothing grew but moss and furze, and coarse rank grass. Down in the west the setting sun had left a streak of fiery red, which glared upon the desolation for an instant, like a sullen eye, and frowning lower, lower, lower yet, was lost in the thick gloom of darkest night.	*Tout à coup, sans que le spectre eût dit un seul mot pour préparer son compagnon à ce brusque changement, ils se trouvèrent au milieu d'un marais triste, désert, parsemé de monstrueux tas de pierres brutes, comme si c'eût été un cimetière de géants ; l'eau s'y répandait partout où elle voulait, elle n'avait pas d'autre obstacle que la gelée qui la retenait prisonnière ; il ne venait rien en ce triste lieu, si ce n'est de la mousse, des genêts et une herbe chétive et rude. À l'horizon, du côté de l'ouest, le soleil couchant avait laissé une traînée de feu d'un rouge ardent qui illumina un instant ce paysage désolé, comme le regard étincelant d'un œil sombre, dont les paupières s'abaissant peu à peu, jusqu'à ce qu'elles se ferment tout à fait, finirent par se perdre complètement dans l'obscurité d'une nuit épaisse.*
'What place is this?' asked Scrooge.	*« Où sommes-nous ? demanda Scrooge.*
'A place where Miners live, who labour in the bowels of the earth,' returned the Spirit. 'But they know me. See!'	*— Nous sommes où vivent les mineurs, ceux qui travaillent dans les entrailles de la terre, répondit l'esprit ; mais ils me reconnaissent. Regardez ! »*
A light shone from the window of a hut, and swiftly they advanced towards it. Passing through the wall of mud and stone, they found a cheerful company assembled round	*Une lumière brilla à la fenêtre d'une pauvre hutte, et ils se dirigèrent rapidement de ce côté. Passant à travers le mur de pierres et de boue, ils trouvèrent une joyeuse compagnie assemblée autour*

a glowing fire. An old, old man and woman, with their children and their children's children, and another generation beyond that, all decked out gaily in their holiday attire. The old man, in a voice that seldom rose above the howling of the wind upon the barren waste, was singing them a Christmas song—it had been a very old song when he was a boy—and from time to time they all joined in the chorus. So surely as they raised their voices, the old man got quite blithe and loud; and so surely as they stopped, his vigour sank again.

The Spirit did not tarry here, but bade Scrooge hold his robe, and passing on above the moor, sped—whither? Not to sea? To sea. To Scrooge's horror, looking back, he saw the last of the land, a frightful range of rocks, behind them; and his ears were deafened by the thundering of water, as it rolled and roared, and raged among the dreadful caverns it had worn, and fiercely tried to undermine the earth.

Built upon a dismal reef of sunken rocks, some league or so from shore, on which the waters chafed and dashed, the wild year through, there stood a solitary lighthouse. Great heaps of sea-weed clung to its base, and storm-birds—born of the wind one might suppose, as sea–weed of the water—rose and fell about it, like the waves they skimmed.

But even here, two men who watched the light had made a fire, that through the loophole in the thick stone wall shed out a ray of brightness on the awful sea. Joining

d'un feu splendide. Un vieux, vieux bonhomme et sa femme, leurs enfants, leurs petits-enfants, et une autre génération encore, étaient tous là réunis, vêtus de leurs habits de fête. Le vieillard, d'une voix qui s'élevait rarement au-dessus des sifflements aigus du vent sur la lande déserte, leur chantait un Noël (déjà fort ancien lorsqu'il n'était lui-même qu'un tout petit enfant) ; de temps en temps ils reprenaient tous ensemble le refrain. Chaque fois qu'ils chantaient, le vieillard sentait redoubler sa vigueur et sa verve ; mais chaque fois, dès qu'ils se taisaient, il retombait dans sa première faiblesse.

L'esprit ne s'arrêta pas en cet endroit, mais ordonna à Scrooge de saisir fortement sa robe et le transporta, en passant au-dessus du marais, où ? Pas à la mer, sans doute ? Si, vraiment, à la mer. Scrooge, tournant la tête, vit avec horreur, bien loin derrière eux, la dernière langue de terre, une rangée de rochers affreux ; ses oreilles furent assourdies par le bruit des flots qui tourbillonnaient, mugissaient avec le fracas du tonnerre et venaient se briser au sein des épouvantables cavernes qu'ils avaient creusées, comme si, dans les accès de sa rage, la mer eût essayé de miner la terre.

Bâti sur le triste récif d'un rocher à fleur d'eau, à quelques lieues du rivage, et battu par les eaux, tout le long de l'année, avec un acharnement furieux, se dressait un phare solitaire. D'énormes tas de plantes marines s'accumulaient à sa base, et les oiseaux des tempêtes, engendrés par les vents, peut-être comme les algues par les eaux, voltigeaient alentour, s'élevant et s'abaissant tour à tour, comme les vagues qu'ils effleuraient dans leur vol.

Mais, même en ce lieu, deux hommes chargés de la garde du phare avaient allumé un feu qui jetait un rayon de clarté sur l'épouvantable mer, à travers l'ouverture pratiquée dans l'épaisse

their horny hands over the rough table at which they sat, they wished each other Merry Christmas in their can of grog; and one of them: the elder, too, with his face all damaged and scarred with hard weather, as the figure–head of an old ship might be: struck up a sturdy song that was like a Gale in itself.

Again the Ghost sped on, above the black and heaving sea—on, on—until, being far away, as he told Scrooge, from any shore, they lighted on a ship. They stood beside the helmsman at the wheel, the look–out in the bow, the officers who had the watch; dark, ghostly figures in their several stations; but every man among them hummed a Christmas tune, or had a Christmas thought, or spoke below his breath to his companion of some bygone Christmas Day, with homeward hopes belonging to it. And every man on board, waking or sleeping, good or bad, had had a kinder word for another on that day than on any day in the year; and had shared to some extent in its festivities; and had remembered those he cared for at a distance, and had known that they delighted to remember him.

It was a great surprise to Scrooge, while listening to the moaning of the wind, and thinking what a solemn thing it was to move on through the lonely darkness over an unknown abyss, whose depths were secrets as profound as Death:

muraille. Joignant leurs mains calleuses par-dessus la table grossière devant laquelle ils étaient assis, ils se souhaitaient l'un à l'autre un joyeux Noël en buvant leur grog, et le plus âgé des deux, dont le visage était racorni et couturé par les intempéries de l'air, comme une de ces figures sculptées à la proue d'un vieux bâtiment, entonna de sa voix rauque un chant sauvage qu'on aurait pu prendre lui-même pour un coup de vent pendant l'orage.

Le spectre allait toujours au-dessus de la mer sombre et houleuse, toujours, toujours, jusqu'à ce que dans son vol rapide, bien loin de la terre et de tout rivage, comme il l'apprit à Scrooge, ils s'abattirent sur un vaisseau et se placèrent tantôt près du timonier à la roue du gouvernail, tantôt à la vigie sur l'avant, ou à côté des officiers de quart, visitant ces sombres et fantastiques figures dans les différents postes où ils montaient leur faction. Mais chacun de ces hommes fredonnait un chant de Noël, ou pensait à Noël, ou rappelait à voix basse à son compagnon quelque Noël passé, avec les espérances qui s'y rattachent d'un retour heureux au sein de la famille. Tous, à bord, éveillés ou endormis, bons ou méchants, avaient échangé les uns avec les autres, ce matin-là, une parole plus bienveillante qu'en aucun autre jour de l'année ; tous avaient pris une part plus ou moins grande à ses joies ; ils s'étaient tous souvenus de leurs parents ou de leurs amis absents, comme ils avaient espéré tous qu'à leur tour ceux qui leur étaient chers éprouvaient dans le même moment le même plaisir à penser à eux.

Ce fut une grande surprise pour Scrooge, tandis qu'il prêtait l'oreille aux gémissements plaintifs du vent, et qu'il songeait à ce qu'avait de solennel un semblable voyage au milieu des ténèbres, par-dessus des abîmes inconnus, dont les profondeurs étaient des secrets aussi

it was a great surprise to Scrooge, while thus engaged, to hear a hearty laugh. It was a much greater surprise to Scrooge to recognise it as his own nephew's and to find himself in a bright, dry, gleaming room, with the Spirit standing smiling by his side, and looking at that same nephew with approving affability!

'Ha, ha!' laughed Scrooge's nephew. 'Ha, ha, ha!'

If you should happen, by any unlikely chance, to know a man more blest in a laugh than Scrooge's nephew, all I can say is, I should like to know him too. Introduce him to me, and I'll cultivate his acquaintance.

It is a fair, even–handed, noble adjustment of things, that while there is infection in disease and sorrow, there is nothing in the world so irresistibly contagious as laughter and good–humour. When Scrooge's nephew laughed in this way: holding his sides, rolling his head, and twisting his face into the most extravagant contortions: Scrooge's niece, by marriage, laughed as heartily as he. And their assembled friends being not a bit behindhand, roared out lustily.

'Ha, ha! Ha, ha, ha, ha!'

'He said that Christmas was a humbug, as I live!' cried Scrooge's nephew. 'He believed it too!'

'More shame for him, Fred!' said Scrooge's niece, indignantly. Bless those women; they never do anything by halves. They are always in earnest.

She was very pretty: exceedingly

impénétrables que la mort ; ce fut une grande surprise pour Scrooge, ainsi plongé dans ses réalisations, d'entendre un rire joyeux. Mais sa surprise devint bien plus grande encore quand il reconnut que cet éclat de rire avait été poussé par son neveu, et se vit lui–même dans une chambre parfaitement éclairée, chaude, brillante de propreté, avec l'esprit à ses côtés, souriant et jetant sur ce même neveu des regards pleins de douceur et de complaisance.

« *Ah ! ah ! ah ! faisait le neveu de Scrooge. Ah ! ah ! ah !* »

S'il vous arrivait, par un hasard peu probable, de rencontrer un homme qui sût rire de meilleur cœur que le neveu de Scrooge, tout ce que je puis vous dire, c'est que j'aimerais à faire aussi sa connaissance. Faites-moi le plaisir de me le présenter, et je cultiverai sa société.

Par une heureuse, juste et noble compensation des choses d'ici-bas, si la maladie et le chagrin sont contagieux, il n'y a rien qui le soit plus irrésistiblement aussi que le rire et la bonne humeur. Pendant que le neveu de Scrooge riait de cette manière, se tenant les côtes, et faisant faire à son visage les contorsions les plus extravagantes, la nièce de Scrooge, sa nièce par alliance, riait d'aussi bon cœur que lui ; leurs amis réunis chez eux n'étaient pas le moins du monde en arrière et riaient également à gorge déployée.

Ah ! ah ! ah ! ah ! ah ! ah !

« *Oui, ma parole d'honneur, il m'a dit, s'écria le neveu de Scrooge, que Noël était une sottise. Et il le pensait !*

— Ce n'en est que plus honteux pour lui, Fret ! » *dit la nièce de Scrooge avec indignation. Car parlez-moi des femmes, elles ne font jamais rien à demi ; elles prennent tout au sérieux.*

La nièce de Scrooge était jolie,

pretty. With a dimpled, surprised-looking, capital face; a ripe little mouth, that seemed made to be kissed—as no doubt it was; all kinds of good little dots about her chin, that melted into one another when she laughed; and the sunniest pair of eyes you ever saw in any little creature's head. Altogether she was what you would have called provoking, you know; but satisfactory, too. Oh, perfectly satisfactory.

'He's a comical old fellow,' said Scrooge's nephew, 'that's the truth: and not so pleasant as he might be. However, his offences carry their own punishment, and I have nothing to say against him.'

'I'm sure he is very rich, Fred,' hinted Scrooge's niece. 'At least you always tell me so.'

'What of that, my dear!' said Scrooge's nephew. 'His wealth is of no use to him. He don't do any good with it. He don't make himself comfortable with it. He hasn't the satisfaction of thinking—ha, ha, ha!—that he is ever going to benefit us with it.'

'I have no patience with him,' observed Scrooge's niece. Scrooge's niece's sisters, and all the other ladies, expressed the same opinion.

'Oh, I have!' said Scrooge's nephew. 'I am sorry for him; I couldn't be angry with him if I tried. Who suffers by his ill whims! Himself, always. Here, he takes it into his head to dislike us, and he won't come and dine with us. What's the consequence? He don't lose much of a dinner.'

'Indeed, I think he loses a very

excessivement jolie, avec un charmant visage, un air naïf, candide : une ravissante petite bouche qui semblait faite pour sourire, et qui ne s'en privait pas, je vous assure ; sur le menton, quantité de petites fossettes qui se fondaient l'une dans l'autre lorsqu'elle riait, et les deux yeux les plus vifs, les plus pétillants que vous ayez jamais vus illuminer la tête d'une jeune fille ; en un mot, sa beauté avait quelque chose de piquant, par le contraste d'un air de tendresse et de rêverie, avec une disposition à rire à tout propos.

« C'est un drôle de corps, le vieux bonhomme ! dit le neveu de Scrooge ; c'est vrai, et il pourrait être plus agréable, mais ses défauts portent avec eux leur propre châtiment, et je n'ai rien à dire contre lui.

— Je crois qu'il est très riche, Fret ? poursuivit la nièce de Scrooge ; au moins, vous me l'avez toujours dit.

— Qu'importe sa richesse, ma chère amie, reprit son mari ; elle ne lui est d'aucune utilité ; il ne s'en sert pour faire du bien à personne, pas même à lui. Il n'a pas seulement la satisfaction de penser... ah ! ah ! ah !... que c'est nous qu'il en fera profiter bientôt.

— Tenez ! je ne peux pas le souffrir, » continua la nièce. Les sœurs de la nièce de Scrooge et toutes les autres dames présentes exprimèrent la même opinion.

« Oh ! bien, moi, dit le neveu, je suis plus tolérant que vous ; j'en suis seulement peiné pour lui, et jamais je ne pourrais lui en vouloir quand même j'en aurais envie, car enfin, qui souffre de ses boutades et de sa mauvaise humeur ? Lui, lui seul. Ce que j'en dis, ce n'est pas parce qu'il s'est mis en tête de ne pas nous aimer assez pour venir dîner avec nous ; car, après tout, il n'a perdu qu'un méchant dîner...

— Vraiment ! eh bien ! je pense, moi,

good dinner,' interrupted Scrooge's niece. Everybody else said the same, and they must be allowed to have been competent judges, because they had just had dinner; and, with the dessert upon the table, were clustered round the fire, by lamplight.

'Well! I'm very glad to hear it,' said Scrooge's nephew, 'because I haven't great faith in these young housekeepers. What do you say, Topper?'

Topper had clearly got his eye upon one of Scrooge's niece's sisters, for he answered that a bachelor was a wretched outcast, who had no right to express an opinion on the subject. Whereat Scrooge's niece's sister—the plump one with the lace tucker: not the one with the roses—blushed.

'Do go on, Fred,' said Scrooge's niece, clapping her hands. 'He never finishes what he begins to say! He is such a ridiculous fellow!'

Scrooge's nephew revelled in another laugh, and as it was impossible to keep the infection off; though the plump sister tried hard to do it with aromatic vinegar; his example was unanimously followed.

'I was only going to say,' said Scrooge's nephew, 'that the consequence of his taking a dislike to us, and not making merry with us, is, as I think, that he loses some pleasant moments, which could do him no harm. I am sure he loses pleasanter companions than he can find in his own thoughts, either in

qu'il perd un fort bon dîner », dit sa petite femme, l'interrompant. Tous les convives furent du même avis, et on doit reconnaître qu'ils étaient juges compétents en cette matière, puisqu'ils venaient justement de le manger ; dans ce moment, le dessert était encore sur la table, et ils se pressaient autour du feu à la lueur de la lampe.

« Ma foi ! je suis enchanté de l'apprendre, reprit le neveu de Scrooge, parce que je n'ai pas grande confiance dans le talent de ces jeunes ménagères. Qu'en dites-vous, Topper ? »

Topper avait évidemment jeté les yeux sur une des sœurs de la nièce de Scrooge, car il répondit qu'un célibataire était un misérable paria qui n'avait pas le droit d'exprimer une opinion sur ce sujet ; et là-dessus la sœur de la nièce de Scrooge, la petite femme rondelette que vous voyez là-bas avec un fichu de dentelles, pas celle qui porte à la main un bouquet de roses, se mit à rougir.

« Continuez donc ce que vous alliez nous dire, Fret, dit la petite femme en frappant des mains. Il n'achève jamais ce qu'il a commencé ! Que c'est donc ridicule ! »

Le neveu de Scrooge s'abandonna bruyamment à un nouvel accès d'hilarité, et, comme il était impossible de se préserver de la contagion, quoique la petite sœur potelée essayant apparemment de le faire en respirant force vinaigre aromatique, tout le monde sans exception suivit son exemple.

« J'allais ajouter seulement, dit le neveu de Scrooge, qu'en nous faisant mauvais visage et en refusant de venir se réjouir avec nous il perd quelques moments de plaisir qui ne lui auraient pas fait de mal. À coup sûr, il se prive d'une compagnie plus agréable qu'il ne saurait en trouver dans ses propres pensées, dans son vieux comptoir humide ou au milieu

his mouldy old office, or his dusty chambers. I mean to give him the same chance every year, whether he likes it or not, for I pity him. He may rail at Christmas till he dies, but he can't help thinking better of it—I defy him—if he finds me going there, in good temper, year after year, and saying Uncle Scrooge, how are you? If it only puts him in the vein to leave his poor clerk fifty pounds, that's something; and I think I shook him yesterday.'

It was their turn to laugh now at the notion of his shaking Scrooge. But being thoroughly good-natured, and not much caring what they laughed at, so that they laughed at any rate, he encouraged them in their merriment, and passed the bottle joyously.

After tea, they had some music. For they were a musical family, and knew what they were about, when they sung a Glee or Catch, I can assure you: especially Topper, who could growl away in the bass like a good one, and never swell the large veins in his forehead, or get red in the face over it. Scrooge's niece played well upon the harp; and played among other tunes a simple little air (a mere nothing: you might learn to whistle it in two minutes), which had been familiar to the child who fetched Scrooge from the boarding-school, as he had been reminded by the Ghost of Christmas Past. When this strain of music sounded, all the things that Ghost had shown him, came upon his mind; he softened more and more; and thought that if he could have listened to it often, years ago, he might have cultivated the

de ses chambres poudreuses. Cela n'empêche pas que je compte bien lui offrir chaque année la même chance, que cela lui plaise ou non, car j'ai pitié de lui. Libre à lui de se moquer de Noël jusqu'à sa mort, mais il ne pourra s'empêcher d'en avoir meilleure opinion, j'en suis sûr, lorsqu'il me verra venir tous les ans, toujours de bonne humeur, lui dire : « Oncle Scrooge, comment vous portez-vous ? » Si cela pouvait seulement lui donner l'idée de laisser douze cents francs à son pauvre commis, ce serait déjà quelque chose. Je ne sais pas, mais pourtant je crois bien l'avoir ébranlé hier. »

Ce fut à leur tour de rire maintenant à l'idée présomptueuse qu'il eût pu ébranler Scrooge. Mais comme il avait un excellent caractère, et qu'il ne s'inquiétait guère de savoir pourquoi on riait, pourvu que l'on rît, il les encouragea dans leur gaieté en faisant circuler joyeusement la bouteille.

Après le thé, on fit un peu de musique ; car c'était une famille de musiciens qui s'entendaient à merveille, je vous assure, à chanter des ariettes et des ritournelles, surtout Topper, qui savait faire gronder sa basse comme un artiste consommé, sans avoir besoin de gonfler les larges veines de son front, ni de devenir rouge comme une écrevisse. La nièce de Scrooge pinçait très bien de la harpe : entre autres morceaux, elle joua un simple petit air (un rien que vous auriez pu apprendre à siffler en deux minutes), justement l'air favori de la jeune fille qui allait autrefois chercher Scrooge à sa pension, comme le fantôme de Noël passé le lui avait rappelé. À ces sons bien connus, tout ce que le spectre lui avait montré alors se présenta de nouveau à son souvenir ; de plus en plus attendri, il songea que, s'il avait pu souvent entendre cet air, depuis de longues années, il aurait sans doute cultivé de ses propres mains, pour son bonheur, les douces affections de

kindnesses of life for his own happiness with his own hands, without resorting to the sexton's spade that buried Jacob Marley.

But they didn't devote the whole evening to music. After a while they played at forfeits; for it is good to be children sometimes, and never better than at Christmas, when its mighty Founder was a child himself. Stop! There was first a game at blind–man's buff. Of course there was. And I no more believe Topper was really blind than I believe he had eyes in his boots. My opinion is, that it was a done thing between him and Scrooge's nephew; and that the Ghost of Christmas Present knew it. The way he went after that plump sister in the lace tucker, was an outrage on the credulity of human nature. Knocking down the fire–irons, tumbling over the chairs, bumping against the piano, smothering himself among the curtains, wherever she went, there went he! He always knew where the plump sister was. He wouldn't catch anybody else. If you had fallen up against him (as some of them did), on purpose, he would have made a feint of endeavouring to seize you, which would have been an affront to your understanding, and would instantly have sidled off in the direction of the plump sister. She often cried out that it wasn't fair; and it really was not. But when at last, he caught her; when, in spite of all her silken rustlings, and her rapid flutterings past him, he got her into a corner whence there was no escape; then his conduct was the most execrable. For his pretending not to know her; his pretending that it was necessary to touch her

la vie, ce qui valait mieux que d'aiguiser la bêche impatiente du fossoyeur qui avait enseveli Jacob Marley.

Mais la soirée ne fut pas consacrée tout entière à la musique. Au bout de quelques instants, on joua aux gages touchés, car il faut bien redevenir enfants quelquefois, surtout à Noël, un jour de fête fondé par un Dieu enfant. Attention ! voilà qu'on commence d'abord par une partie de colin-maillard. Oh ! le tricheur de Topper ! Il fait semblant de ne pas voir avec son bandeau, mais n'ayez pas peur, il n'a pas ses yeux dans sa poche. Je suis sûr qu'il s'est entendu avec le neveu de Scrooge, et que l'esprit de Noël présent ne s'y est pas laissé prendre. La manière dont le soi-disant aveugle poursuit la petite sœur rondelette au fichu de dentelle est une véritable insulte à la crédulité de la nature humaine. Qu'elle renverse le garde-feu, qu'elle roule par-dessus les chaises, qu'elle aille se cogner contre le piano, ou bien qu'elle s'étouffe dans les rideaux, partout où elle va, il y va ; il sait toujours reconnaître où est la petite sœur rondelette ; il ne veut attraper personne autre ; vous avez beau le heurter en courant, comme tant d'autres l'ont fait exprès, il fera bien semblant de chercher à vous saisir, avec une maladresse qui fait injure à votre intelligence, mais à l'instant il ira se jeter de côté dans la direction de la petite sœur rondelette. « Ce n'est pas de franc jeu », dit-elle souvent en fuyant, et elle a raison ; mais lorsqu'il l'attrape à la fin, quand, en dépit de ses mouvements rapides pour lui échapper, et de tous les frémissements de sa robe de soie froissée à chaque meuble, il est parvenu à l'acculer dans un coin, d'où elle ne peut plus sortir, sa conduite alors devient vraiment abominable. Car, sous prétexte qu'il ne sait pas qui c'est, il faut qu'il touche sa coiffure ; sous prétexte de s'assurer de son identité, il se permet de toucher certaine

head-dress, and further to assure himself of her identity by pressing a certain ring upon her finger, and a certain chain about her neck; was vile, monstrous! No doubt she told him her opinion of it, when, another blind-man being in office, they were so very confidential together, behind the curtains.

Scrooge's niece was not one of the blind-man's buff party, but was made comfortable with a large chair and a footstool, in a snug corner, where the Ghost and Scrooge were close behind her. But she joined in the forfeits, and loved her love to admiration with all the letters of the alphabet. Likewise at the game of How, When, and Where, she was very great, and to the secret joy of Scrooge's nephew, beat her sisters hollow: though they were sharp girls too, as Topper could have told you. There might have been twenty people there, young and old, but they all played, and so did Scrooge; for wholly forgetting the interest he had in what was going on, that his voice made no sound in their ears, he sometimes came out with his guess quite loud, and very often guessed quite right, too; for the sharpest needle, best Whitechapel, warranted not to cut in the eye, was not sharper than Scrooge; blunt as he took it in his head to be.

The Ghost was greatly pleased to find him in this mood, and looked upon him with such favour, that he begged like a boy to be allowed to stay until the guests departed. But this the Spirit said could not be done.

bague qu'elle porte au doigt, de manier certaine chaîne passée autour de son cou. Le vilain monstre ! aussi nul doute qu'elle ne lui en dise sa façon de penser, maintenant que, le mouchoir ayant passé sur les yeux d'une autre personne, ils ont ensemble un entretien si confidentiel, derrière les rideaux, dans l'embrasure de la fenêtre !

La nièce de Scrooge n'était pas de la partie de colin-maillard ; elle était demeurée dans un bon petit coin de la salle, assise à son aise sur un fauteuil avec un tabouret sous les pieds ; le fantôme et Scrooge se tenaient debout derrière elle ; mais, par exemple, elle prenait part aux gages touchés et fut particulièrement admirable à Comment l'aimez-vous ? avec toutes les lettres de l'alphabet. De même au jeu de Où, quand et comment ? elle était fort habile, et, à la joie secrète du neveu de Scrooge, elle battait à plates coutures toutes ses sœurs, quoiqu'elles ne fussent pas sottes, non ; demandez plutôt à Topper. Il se trouvait bien là environ une vingtaine d'invités, tant jeunes que vieux, mais tout le monde jouait, jusqu'à Scrooge lui-même, qui, oubliant tout à fait, tant il s'intéressait à cette scène, qu'on ne pouvait entendre sa voix, criait tout haut les mots qu'on donnait à deviner ; et il rencontrait juste fort souvent je dois l'avouer, car l'aiguille la plus pointue, la meilleure Whitechapel, garantie pour ne pas couper le fil, n'est pas plus finie ni plus déliée que l'esprit de Scrooge, avec l'air benêt qu'il se donnait exprès pour attraper le monde.

Le spectre prenait plaisir à le voir dans ces dispositions, et il le regardait d'un air si rempli de bienveillance, que Scrooge lui demanda en grâce, comme l'eût fait un enfant, de rester jusqu'après le départ des conviés. Mais, pour ce qui est de cela, l'esprit lui dit que c'était une chose impossible.

'Here is a new game,' said Scrooge. 'One half hour, Spirit, only one!'

It was a Game called Yes and No, where Scrooge's nephew had to think of something, and the rest must find out what; he only answering to their questions yes or no, as the case was. The brisk fire of questioning to which he was exposed, elicited from him that he was thinking of an animal, a live animal, rather a disagreeable animal, a savage animal, an animal that growled and grunted sometimes, and talked sometimes, and lived in London, and walked about the streets, and wasn't made a show of, and wasn't led by anybody, and didn't live in a menagerie, and was never killed in a market, and was not a horse, or an ass, or a cow, or a bull, or a tiger, or a dog, or a pig, or a cat, or a bear. At every fresh question that was put to him, this nephew burst into a fresh roar of laughter; and was so inexpressibly tickled, that he was obliged to get up off the sofa and stamp. At last the plump sister, falling into a similar state, cried out:

'I have found it out! I know what it is, Fred! I know what it is!'

'What is it?' cried Fred.

'It's your Uncle Scro–o–o–o–oge!'

Which it certainly was. Admiration was the universal sentiment, though some objected that the reply to 'Is it a bear?' ought to have been 'Yes;' inasmuch as an answer in the negative was sufficient to have diverted their thoughts from Mr. Scrooge, supposing they had ever had any

« *Voici un nouveau jeu*, dit Scrooge. *Une demi-heure, esprit, seulement une demi-heure !* »

C'était le jeu appelé *Oui et non* ; le neveu de Scrooge devait penser à quelque chose et les autres chercher à deviner ce à quoi il pensait ; il ne répondait à toutes leurs questions que par oui et par non, suivant le cas. Le feu roulant d'interrogations auxquelles il se vit exposé lui arracha successivement une foule d'aveux : qu'il pensait à un animal, que c'était un animal vivant, un animal désagréable, un animal sauvage, un animal qui grondait et grognait quelquefois, qui d'autres fois parlait, qui habitait Londres, qui se promenait dans les rues, qu'on ne montrait pas pour de l'argent, qui n'était mené en laisse par personne, qui, ne vivait pas dans une ménagerie, qu'on ne tuait jamais à l'abattoir, et qui n'était ni un cheval, ni un âne, ni une vache, ni un taureau, ni un tigre, ni un chien, ni un cochon, ni un chat, ni un ours. À chaque nouvelle question qui lui était adressée, ce gueux de neveu partait d'un nouvel éclat de rire, et il lui en prenait de telles envies, qu'il était obligé de se lever du sofa pour trépigner sur le parquet. À la fin, la sœur rondelette, prise à son tour d'un fou rire, s'écria :

« *Je l'ai trouvé ! je le tiens, Fret ! Je sais ce que c'est.*

— *Qu'est-ce donc ?* demanda Fret.

— *C'est votre oncle Scro-o-o-o-oge !* »

C'était cela même. L'admiration fut le sentiment général, quoique quelques personnes fissent remarquer que la réponse à cette question « *Est-ce un ours ?* » aurait dû être « *Oui* » ; d'autant plus qu'il avait suffi dans ce cas d'une réponse négative pour détourner leurs pensées de M. Scrooge, en supposant qu'elles se fussent portées sur lui d'abord.

tendency that way.

'He has given us plenty of merriment, I am sure,' said Fred, 'and it would be ungrateful not to drink his health. Here is a glass of mulled wine ready to our hand at the moment; and I say, "Uncle Scrooge!"'

'Well! Uncle Scrooge!' they cried.

'A Merry Christmas and a Happy New Year to the old man, whatever he is!' said Scrooge's nephew. 'He wouldn't take it from me, but may he have it, nevertheless. Uncle Scrooge!'

Uncle Scrooge had imperceptibly become so gay and light of heart, that he would have pledged the unconscious company in return, and thanked them in an inaudible speech, if the Ghost had given him time. But the whole scene passed off in the breath of the last word spoken by his nephew; and he and the Spirit were again upon their travels.

Much they saw, and far they went, and many homes they visited, but always with a happy end. The Spirit stood beside sick beds, and they were cheerful; on foreign lands, and they were close at home; by struggling men, and they were patient in their greater hope; by poverty, and it was rich. In almshouse, hospital, and jail, in misery's every refuge, where vain man in his little brief authority had not made fast the door, and barred the Spirit out, he left his blessing, and taught Scrooge his precepts.

« Eh bien ! il a singulièrement contribué à nous divertir, dit Fret, et nous serions de véritables ingrats si nous ne buvions à sa santé. Voici justement que nous tenons à la main chacun un verre de punch au vin ; ainsi donc : À l'oncle Scrooge !

— Soit ! à l'oncle Scrooge ! s'écrièrent-ils tous.

— Un joyeux Noël et une bonne année au vieillard, n'importe ce qu'il est ! dit le neveu de Scrooge. Il n'accepterait pas ce souhait de ma bouche, mais il l'aura néanmoins. À l'oncle Scrooge ! »

L'oncle Scrooge s'était laissé peu à peu si bien gagner par l'hilarité générale, il se sentait le cœur si léger, qu'il aurait fait raison à la compagnie quoiqu'elle ne s'aperçût pas de sa présence, et prononcé un discours de remerciement que personne n'eût entendu, si le spectre lui en avait donné le temps. Mais la scène entière disparut comme le neveu prononçait la dernière parole de son toast ; et déjà Scrooge et l'esprit avaient repris le cours de leurs voyages.

Ils virent beaucoup de pays, allèrent fort loin et visitèrent un grand nombre de demeures, et toujours avec d'heureux résultats pour ceux que Noël approchait. L'esprit se tenait auprès du lit des malades, et ils oubliaient leurs maux sur la terre étrangère, et l'exilé se croyait pour un moment transporté au sein de la patrie. Il visitait une âme en lutte avec le sort, et aussitôt elle s'ouvrait à des sentiments de résignation et à l'espoir d'un meilleur avenir. Il abordait les pauvres, et aussitôt ils se croyaient riches. Dans les maisons de charité, les hôpitaux, les prisons, dans tous ces refuges de la misère, où l'homme vain et orgueilleux n'avait pu abuser de sa petite autorité si passagère pour en

It was a long night, if it were only a night; but Scrooge had his doubts of this, because the Christmas Holidays appeared to be condensed into the space of time they passed together. It was strange, too, that while Scrooge remained unaltered in his outward form, the Ghost grew older, clearly older. Scrooge had observed this change, but never spoke of it, until they left a children's Twelfth Night party, when, looking at the Spirit as they stood together in an open place, he noticed that its hair was grey.

'Are spirits' lives so short?' asked Scrooge.

'My life upon this globe, is very brief,' replied the Ghost. 'It ends to–night.'

'To–night!' cried Scrooge.

'To–night at midnight. Hark! The time is drawing near.'

The chimes were ringing the three quarters past eleven at that moment.

'Forgive me if I am not justified in what I ask,' said Scrooge, looking intently at the Spirit's robe, 'but I see something strange, and not belonging to yourself, protruding from your skirts. Is it a foot or a claw?'

'It might be a claw, for the flesh there is upon it,' was the Spirit's sorrowful reply. 'Look here.'

From the foldings of its robe, it brought two children; wretched, abject, frightful, hideous, miserable.

interdire l'entrée et en barrer la porte à l'esprit, il laissait sa bénédiction et enseignait à Scrooge ses préceptes charitables.

Ce fut là une longue nuit, si toutes ces choses s'accomplirent seulement en une nuit ; mais Scrooge en douta, parce qu'il lui semblait que plusieurs fêtes de Noël avaient été condensées dans l'espace de temps qu'ils passèrent ensemble. Une chose étrange aussi, c'est que, tandis que Scrooge n'éprouvait aucune modification dans sa forme extérieure, le fantôme devenait plus vieux, visiblement plus vieux. Scrooge avait remarqué ce changement, mais il n'en dit pas un mot, jusqu'à ce que, au sortir d'un lieu où une réunion d'enfants célébrait les Rois, jetant les yeux sur l'esprit quand ils furent seuls, il s'aperçut que ses cheveux avaient blanchi.

« La vie des esprits est-elle donc si courte ? demanda-t-il.

— Ma vie sur ce globe est très courte, en effet, répondit le spectre. Elle finit cette nuit.

— Cette nuit ! s'écria Scrooge.

— Ce soir, à minuit. Écoutez ! L'heure approche. »

En ce moment, l'horloge sonnait les trois quarts de onze heures.

« Pardonnez-moi l'indiscrétion de ma demande, dit Scrooge, qui regardait attentivement la robe de l'esprit, mais je vois quelque chose d'étrange et qui ne vous appartient pas, sortir de dessous votre robe. Est-ce un pied ou une griffe ?

— Ce pourrait être une griffe, à en juger par la chair qui est au-dessus, répondit l'esprit avec tristesse. Regardez. »

Des plis de sa robe, il dégagea deux enfants, deux créatures misérables, abjectes, effrayantes, hideuses,

They knelt down at its feet, and clung upon the outside of its garment.

'Oh, Man! look here. Look, look, down here!' exclaimed the Ghost.

They were a boy and girl. Yellow, meagre, ragged, scowling, wolfish; but prostrate, too, in their humility. Where graceful youth should have filled their features out, and touched them with its freshest tints, a stale and shrivelled hand, like that of age, had pinched, and twisted them, and pulled them into shreds. Where angels might have sat enthroned, devils lurked, and glared out menacing. No change, no degradation, no perversion of humanity, in any grade, through all the mysteries of wonderful creation, has monsters half so horrible and dread.

Scrooge started back, appalled. Having them shown to him in this way, he tried to say they were fine children, but the words choked themselves, rather than be parties to a lie of such enormous magnitude.

'Spirit! are they yours?' Scrooge could say no more.

'They are Man's,' said the Spirit, looking down upon them. 'And they cling to me, appealing from their fathers. This boy is Ignorance. This girl is Want. Beware them both, and all of their degree, but most of all beware this boy, for on his brow I see that written which is Doom, unless the writing be erased. Deny it!' cried the Spirit, stretching out its hand towards the city.

repoussantes, qui s'agenouillèrent à ses pieds et se cramponnèrent à son vêtement.

« Oh ! homme ! regarde, regarde à tes pieds ! » cria le fantôme.

C'étaient un garçon et une fille, jaunes, maigres, couverts de haillons, au visage renfrogné, féroces, quoique rampants dans leur abjection. Une jeunesse gracieuse aurait dû remplir leurs joues et répandre sur leur teint ses plus fraîches couleurs ; au lieu de cela, une main flétrie et desséchée, comme celle du temps, les avait ridés, amaigris, décolorés ; ces traits où les anges auraient dû trôner, les démons s'y cachaient plutôt pour lancer de là des regards menaçants. Nul changement, nulle dégradation, nulle décomposition de l'espèce humaine, à aucun degré, dans tous les mystères les plus merveilleux de la création, n'ont produit des monstres à beaucoup près aussi horribles et aussi effrayants.

Scrooge recula, pâle de terreur ; ne voulant pas blesser l'esprit, leur père peut-être, il essaya de dire que c'étaient de beaux enfants, mais les mots s'arrêtèrent d'eux-mêmes dans sa gorge, pour ne pas se rendre complices d'un mensonge si énorme.

« Esprit ! est-ce que ce sont vos enfants ? » Scrooge n'en put dire davantage.

« Ce sont les enfants des hommes, dit l'esprit, laissant tomber sur eux un regard, et ils s'attachent à moi pour me porter plainte contre leurs pères. Celui-là est l'ignorance ; celle-ci la misère. Gardez-vous de l'un et de l'autre et de toute leur descendance, mais surtout du premier, car sur son front je vois écrit : Condamnation. Hâte-toi, Babylone, dit-il en étendant sa main vers la cité ; hâte-toi d'effacer ce mot, qui te condamne plus que lui, toi à ta

'Slander those who tell it ye! Admit it for your factious purposes, and make it worse. And bide the end!'

ruine, comme lui au malheur. Ose dire que tu n'en es pas coupable ; calomnie même ceux qui t'accusent ! Cela peut servir au succès de tes desseins abominables. Mais gare la fin !

(Ignorance and Want) – (Ignorance et Besoin)

'Have they no refuge or — *N'ont-ils donc aucun refuge,*

resource?' cried Scrooge.

'Are there no prisons?' said the Spirit, turning on him for the last time with his own words. 'Are there no workhouses?' The bell struck twelve.

Scrooge looked about him for the Ghost, and saw it not. As the last stroke ceased to vibrate, he remembered the prediction of old Jacob Marley, and lifting up his eyes, beheld a solemn Phantom, draped and hooded, coming, like a mist along the ground, towards him.

aucune ressource ? s'écria Scrooge.

— N'y a-t-il pas des prisons ? dit l'esprit, lui renvoyant avec ironie pour la dernière fois ses propres paroles. N'y a-t-il pas des maisons de force ? » L'horloge sonnait minuit.

Scrooge chercha du regard le spectre et ne le vit plus. Quand le dernier son cessa de vibrer, il se rappela la prédiction du vieux Jacob Marley, et, levant les yeux, il aperçut un fantôme à l'aspect solennel, drapé dans une robe à capuchon et qui venait à lui glissant sur la terre comme une vapeur.

Stave Four - Quatrième couplet

The Last of the Spirits

Le dernier esprit

The Phantom slowly, gravely, silently, approached. When it came near him, Scrooge bent down upon his knee; for in the very air through which this Spirit moved it seemed to scatter gloom and mystery.

It was shrouded in a deep black garment, which concealed its head, its face, its form, and left nothing of it visible save one outstretched hand. But for this it would have been difficult to detach its figure from the night, and separate it from the darkness by which it was surrounded.

He felt that it was tall and stately when it came beside him, and that its mysterious presence filled him with a solemn dread. He knew no more, for the Spirit neither spoke nor moved.

"I am in the presence of the Ghost of Christmas Yet To

Le fantôme approchait d'un pas lent, grave et silencieux. Quand il fut arrivé près de Scrooge, celui-ci fléchit le genou, car cet esprit semblait répandre autour de lui, dans l'air qu'il traversait, une terreur sombre et mystérieuse.

Une longue robe noire l'enveloppait tout entier et cachait sa tête, son visage, sa forme, ne laissant rien voir qu'une de ses mains étendues, sans quoi il eut été très difficile de détacher cette figure des ombres de la nuit, et de la distinguer de l'obscurité complète dont elle était environnée.

Quand Scrooge vint se placer à ses côtés, il reconnut que le spectre était d'une taille élevée et majestueuse, et que sa mystérieuse présence le remplissait d'une crainte solennelle. Mais il n'en sut pas davantage, car l'esprit ne prononçait pas une parole et ne faisait aucun mouvement.

« Suis-je en la présence du spectre de Noël à venir ? », dit Scrooge.

Come?", said Scrooge.

The Spirit answered not, but pointed onward with its hand.

"You are about to show me shadows of the things that have not happened, but will happen in the time before us?", Scrooge pursued. "Is that so, Spirit?"

The upper portion of the garment was contracted for an instant in its folds, as if the Spirit had inclined its head. That was the only answer he received.

Although well used to ghostly company by this time, Scrooge feared the silent shape so much that his legs trembled beneath him, and he found that he could hardly stand when he prepared to follow it. The Spirit paused a moment, as observing his condition, and giving him time to recover.

But Scrooge was all the worse for this. It thrilled him with a vague uncertain horror, to know that behind the dusky shroud, there were ghostly eyes intently fixed upon him, while he, though he stretched his own to the utmost, could see nothing but a spectral hand and one great heap of black.

"Ghost of the Future!", he exclaimed. "I fear you more than any spectre I have seen. But as I know your purpose is to do me good, and as I hope to live to be another man from what I was, I am prepared to bear you company, and do it with a thankful heart. Will you not speak to me?"

It gave him no reply. The hand was pointed straight before them.

"Lead on!", said Scrooge. "Lead

L'esprit ne répondit rien, mais continua de tenir la main tendue en avant.

« *Vous allez me montrer les ombres des choses qui ne sont pas arrivées encore et qui arriveront dans la suite des temps, poursuivit Scrooge. N'est-ce pas, esprit ?* »

La partie supérieure de la robe du fantôme se contracta un instant par le rapprochement de ses plis, comme si le spectre avait incliné la tête. Ce fut la seule réponse qu'il en obtint.

Quoique habitué déjà au commerce des esprits, Scrooge éprouvait une telle frayeur en présence de ce spectre silencieux, que ses jambes tremblaient sous lui et qu'il se sentit à peine la force de se tenir debout, quand il se prépara à le suivre. L'esprit s'arrêta un moment, comme s'il eût remarqué son trouble et qu'il eût voulu lui donner le temps de se remettre.

Mais Scrooge n'en fut que plus agité ; un frisson de terreur vague parcourait tous ses membres, quand il venait à songer que derrière ce sombre linceul des yeux de fantôme étaient attentivement fixés sur lui, et que, malgré tous ses efforts, il ne pouvait voir qu'une main de spectre et une grande masse noirâtre.

« *Esprit de l'avenir ! s'écria-t-il ; je vous redoute plus qu'aucun des spectres que j'aie encore vus ! Mais, parce que je sais que vous vous proposez mon bien, et parce que j'espère vivre de manière à être un tout autre homme que je n'étais, je suis prêt à vous accompagner avec un cœur reconnaissant. Ne me parlerez-vous pas ?* »

Point de réponse. La main seule était toujours tendue droit devant eux.

« *Guidez-moi ! dit Scrooge, guidez-*

on! The night is waning fast, and it is precious time to me, I know. Lead on, Spirit!"

The Phantom moved away as it had come towards him. Scrooge followed in the shadow of its dress, which bore him up, he thought, and carried him along.

They scarcely seemed to enter the city; for the city rather seemed to spring up about them, and encompass them of its own act. But there they were, in the heart of it; on 'Change, amongst the merchants; who hurried up and down, and chinked the money in their pockets, and conversed in groups, and looked at their watches, and trifled thoughtfully with their great gold seals; and so forth, as Scrooge had seen them often.

The Spirit stopped beside one little knot of business men. Observing that the hand was pointed to them, Scrooge advanced to listen to their talk.

"No", said a great fat man with a monstrous chin, "I don't know much about it, either way. I only know he's dead."

"When did he die?", inquired another.

"Last night, I believe."

"Why, what was the matter with him?", asked a third, taking a vast quantity of snuff out of a very large snuff-box. "I thought he'd never die."

"God knows", said the first, with a yawn.

"What has he done with his money?", asked a red-faced gentleman with a pendulous

moi ! La nuit avance rapidement ; c'est un temps précieux pour moi, je le sais. Esprit, guidez-moi. »

Le fantôme s'éloigna de la même manière qu'il était venu. Scrooge le suivit dans l'ombre de sa robe, et il lui sembla que cette ombre la soulevait et l'emportait avec elle.

On ne pourrait pas dire précisément qu'ils entrèrent dans la ville, ce fut plutôt la ville qui sembla surgir autour d'eux et les entourer de son propre mouvement. Toutefois ils étaient au cœur même de la Cité, à la Bourse, parmi les négociants qui allaient de çà et de là en toute hâte, faisant sonner l'argent dans leurs poches, se groupant pour causer affaires, regardant à leurs montres et jouant d'un air pensif avec leurs grandes breloques, etc., etc., comme Scrooge les avait vus si souvent.

L'esprit s'arrêta près d'un petit groupe de ces capitalistes. Scrooge, remarquant la direction de sa main tendue de leur côté, s'approcha pour entendre la conversation.

« Non..., disait un grand et gros homme avec un menton monstrueux, je n'en sais pas davantage ; je sais seulement qu'il est mort.

— Quand est-il mort ? demanda un autre.

— La nuit dernière, je crois.

— Comment, et de quoi est-il mort ? dit un troisième personnage en prenant une énorme prise de tabac dans une vaste tabatière. Je croyais qu'il ne mourrait jamais...

— Il n'y a que Dieu qui le sache, reprit le premier avec un bâillement.

— Qu'a-t-il fait de son argent ? demanda un monsieur à la face rubiconde dont le bout du nez était orné d'une

excrescence on the end of his nose that shook like the gills of a turkey-cock.

"I haven't heard", said the man with the large chin, yawning again. "Left it to his company, perhaps. He hasn't left it to me. That's all I know."

This pleasantry was received with a general laugh.

"It's likely to be a very cheap funeral", said the same speaker; "for upon my life I don't know of anybody to go to it. Suppose we make up a party and volunteer?"

"I don't mind going if a lunch is provided", observed the gentleman with the excrescence on his nose. "But I must be fed, if I make one."

Another laugh.

"Well, I am the most disinterested among you, after all", said the first speaker, "for I never wear black gloves, and I never eat lunch. But I'll offer to go, if anybody else will. When I come to think of it, I'm not at all sure that I wasn't his most particular friend; for we used to stop and speak whenever we met. Bye, bye!"

Speakers and listeners strolled away, and mixed with other groups. Scrooge knew the men, and looked towards the Spirit for an explanation.

The Phantom glided on into a street. Its finger pointed to two

excroissance de chair qui pendillait sans cesse comme les caroncules d'un dindon.

— Je n'en sais trop rien, dit l'homme au double menton en bâillant de nouveau. Peut-être l'a-t-il laissé à sa société ; en tout cas, ce n'est pas à moi qu'il l'a laissé : voilà tout ce que je sais. »

Cette plaisanterie fut accueillie par un rire général.

« Il est probable, dit le même interlocuteur, que les chaises ne lui coûteront pas cher à l'église, non plus que les voitures ; car, sur mon âme, je ne connais personne qui soit disposé à aller à son enterrement. Si nous faisions la partie d'y aller sans invitation !

— Cela m'est égal, s'il y a une collation, fit observer le monsieur à la loupe ; mais je veux être nourri pour la peine.

[missing in the original translation]

— Eh bien ! après tout, dit celui qui avait parlé le premier, je vois que je suis encore le plus désintéressé de vous tous, car je n'y allais pas pour qu'on me donnât des gants noirs, je n'en porte pas ; ni pour sa collation, je ne goûte jamais ; et pourtant je m'offre à y aller, si quelqu'un veut venir avec moi. C'est que, voyez-vous, en y réfléchissant je ne suis pas sûr le moins du monde de n'avoir pas été son plus intime ami, car nous avions l'habitude de nous arrêter pour échanger quelques mots toutes les fois que nous nous rencontrions. Adieu, messieurs ; au revoir ! »

Le groupe se dispersa et alla se mêler à d'autres. Scrooge reconnaissait tous ces personnages : il regarda l'esprit comme pour lui demander l'explication de ce qu'il venait d'entendre.

Le fantôme se glissa dans une rue et montra du doigt deux individus qui

persons meeting. Scrooge listened again, thinking that the explanation might lie here.

He knew these men, also, perfectly. They were men of business: very wealthy, and of great importance. He had made a point always of standing well in their esteem: in a business point of view, that is; strictly in a business point of view.

"How are you?", said one.

"How are you?", returned the other.

"Well!", said the first. "Old Scratch has got his own at last, hey?"

"So I am told", returned the second. "Cold, isn't it?"

"Seasonable for Christmas time. You're not a skater, I suppose?"

"No. No. Something else to think of. Good morning!"

Not another word. That was their meeting, their conversation, and their parting.

Scrooge was at first inclined to be surprised that the Spirit should attach importance to conversations apparently so trivial; but feeling assured that they must have some hidden purpose, he set himself to consider what it was likely to be. They could scarcely be supposed to have any bearing on the death of Jacob, his old partner, for that was Past, and this Ghost's province was the Future. Nor could he think of any one immediately connected with himself, to whom he could apply them. But nothing doubting

s'abordaient. Scrooge écouta encore, croyant trouver là le mot de l'énigme.

Il les reconnaissait également très bien ; c'étaient deux négociants, riches et considérés. Il s'était toujours piqué d'être bien placé dans leur estime, au point de vue des affaires, s'entend, purement et simplement au point de vue des affaires.

« Comment vous portez-vous ? dit l'un.

— Et vous ? répondit l'autre.

— Bien ! dit le premier. Le vieux Gobseck a donc enfin son compte, hein ?

— On me l'a dit... ; il fait froid, n'est-ce pas ?

— Peuh ! Un temps de la saison ! temps de Noël. Vous ne patinez pas, je suppose ?

— Non, non ; j'ai bien autre chose à faire. Bonjour. »

Pas un mot de plus. Telles furent leur rencontre, leur conversation et leur séparation.

Scrooge eut d'abord la pensée de s'étonner que l'esprit attachât une telle importance à des conversations en apparence si triviales ; mais, intimement convaincu qu'elles devaient avoir un sens caché, il se mit à considérer, à part lui, quel il pouvait être selon toutes les probabilités. Il était difficile qu'elles se rapportassent à la mort de Jacob, son vieil associé ; du moins, la chose ne paraissait pas vraisemblable, car cette mort appartenait au passé, et le spectre avait pour département l'avenir : il ne voyait non plus personne de ses connaissances à qui il put les appliquer. Toutefois, ne

that to whomsoever they applied they had some latent moral for his own improvement, he resolved to treasure up every word he heard, and everything he saw; and especially to observe the shadow of himself when it appeared. For he had an expectation that the conduct of his future self would give him the clue he missed, and would render the solution of these riddles easy.

He looked about in that very place for his own image; but another man stood in his accustomed corner, and though the clock pointed to his usual time of day for being there, he saw no likeness of himself among the multitudes that poured in through the Porch. It gave him little surprise, however; for he had been revolving in his mind a change of life, and thought and hoped he saw his new-born resolutions carried out in this.

Quiet and dark, beside him stood the Phantom, with its outstretched hand. When he roused himself from his thoughtful quest, he fancied from the turn of the hand, and its situation in reference to himself, that the Unseen Eyes were looking at him keenly. It made him shudder, and feel very cold.

They left the busy scene, and went into an obscure part of the town, where Scrooge had never penetrated before, although he recognised its situation, and its bad repute. The ways were foul and narrow; the shops and houses wretched; the people half-naked, drunken, slipshod, ugly. Alleys and archways, like so many cesspools,

doutant pas que, quelle que fût celle à qui il convenait d'en faire l'application, elles ne renfermassent une leçon secrète à son adresse, et pour son bien, il résolut de recueillir avec soin chacune des paroles qu'il entendrait et chacune des choses qu'il verrait, mais surtout d'observer attentivement sa propre image lorsqu'elle lui apparaîtrait, persuadé que la conduite de son futur lui-même lui donnerait la clef de cette énigme et en rendrait la solution facile.

Il se chercha donc en ce lieu ; mais un autre occupait sa place accoutumée, dans le coin qu'il affectionnait particulièrement, et, quoique l'horloge indiquât l'heure où il venait d'ordinaire à la Bourse, il ne vit personne qui lui ressemblât, parmi cette multitude qui se pressait sous le porche pour y entrer. Cela le surprit peu, néanmoins, car depuis ses premières visions il avait médité dans son esprit un changement de vie ; il pensait, il espérait que son absence était une preuve qu'il avait mis ses nouvelles résolutions en pratique.

Le fantôme se tenait à ses côtés, immobile, sombre, toujours le bras tendu. Quand Scrooge sortit de sa rêverie, il s'imagina, au mouvement de la main et d'après la position du spectre vis-à-vis de lui, que ses yeux invisibles le regardaient fixement. Cette pensée le fit frissonner de la tête aux pieds.

Quittant le théâtre bruyant des affaires, ils allèrent dans un quartier obscur de la ville, où Scrooge n'avait pas encore pénétré, quoiqu'il en connût parfaitement les êtres et la mauvaise renommée. Les rues étaient sales et étroites, les boutiques et les maisons misérables, les habitants à demi nus, ivres, mal chaussés, hideux. Des allées et des passages sombres, comme autant d'égouts,

disgorged their offences of smell, and dirt, and life, upon the straggling streets; and the whole quarter reeked with crime, with filth, and misery.

Far in this den of infamous resort, there was a low-browed, beetling shop, below a pent-house roof, where iron, old rags, bottles, bones, and greasy offal, were bought. Upon the floor within, were piled up heaps of rusty keys, nails, chains, hinges, files, scales, weights, and refuse iron of all kinds. Secrets that few would like to scrutinise were bred and hidden in mountains of unseemly rags, masses of corrupted fat, and sepulchres of bones. Sitting in among the wares he dealt in, by a charcoal stove, made of old bricks, was a grey-haired rascal, nearly seventy years of age; who had screened himself from the cold air without, by a frousy curtaining of miscellaneous tatters, hung upon a line; and smoked his pipe in all the luxury of calm retirement.

Scrooge and the Phantom came into the presence of this man, just as a woman with a heavy bundle slunk into the shop. But she had scarcely entered, when another woman, similarly laden, came in too; and she was closely followed by a man in faded black, who was no less startled by the sight of them, than they had been upon the recognition of each other. After a short period of blank astonishment, in which the old man with the pipe had joined them, they all three burst into a laugh.

vomissaient leurs odeurs repoussantes, leurs immondices et leurs ignobles habitants dans ce labyrinthe de rues ; tout le quartier respirait le crime, l'ordure, la misère.

Au fond de ce repaire infâme on voyait une boutique basse, s'avançant en saillie sous le toit d'un auvent, dans laquelle on achetait le fer, les vieux chiffons, les vieilles bouteilles, les os, les restes des assiettes du dîner d'hier au soir. Sur le plancher, à l'intérieur, étaient entassés des clefs rouillées, des clous, des chaînes, des gonds, des limes, des plateaux de balances, des poids et toute espèce de ferraille. Des mystères que peu de personnes eussent été curieuses d'approfondir s'agitaient peut-être sous ces monceaux de guenilles repoussantes, sous ces masses de graisse corrompue et ces sépulcres d'ossements. Assis au milieu des marchandises dont il trafiquait, près d'un réchaud de vieilles briques, un sale coquin, aux cheveux blanchis par l'âge (il avait près de soixante-dix ans), s'abritait contre l'air froid du dehors, au moyen d'un rideau crasseux, composé de lambeaux dépareillés suspendus à une ficelle, et fumait sa pipe en savourant avec délices la volupté de sa paisible solitude.

Scrooge et le fantôme se trouvèrent en présence de cet homme, au moment précis où une femme, chargée d'un lourd paquet, se glissa dans la boutique. À peine y eut-elle mis les pieds, qu'une autre femme, chargée de la même manière, entra pareillement ; cette dernière fut suivie de près par un homme vêtu d'un habit noir râpé, qui ne parut pas moins surpris de la vue des deux femmes qu'elles ne l'avaient été elles-mêmes en se reconnaissant l'une l'autre. Après quelques instants de stupéfaction muette partagée par l'homme à la pipe, ils se mirent à éclater de rire tous les trois.

"Let the charwoman alone to be the first!", cried she, who had entered first. "Let the laundress alone to be the second; and let the undertaker's man alone to be the third. Look here, old Joe, here's a chance! If we haven't all three met here without meaning it!"

"You couldn't have met in a better place", said old Joe, removing his pipe from his mouth. "Come into the parlour. You were made free of it long ago, you know; and the other two ain't strangers. Stop till I shut the door of the shop. Ah! How it skreeks! There ain't such a rusty bit of metal in the place as its own hinges, I believe; and I'm sure there's no such old bones here, as mine. Ha, ha! We're all suitable to our calling, we're well matched. Come into the parlour. Come into the parlour."

The parlour was the space behind the screen of rags. The old man raked the fire together with an old stair–rod, and having trimmed his smoky lamp (for it was night), with the stem of his pipe, put it in his mouth again.

While he did this, the woman who had already spoken threw her bundle on the floor, and sat down in a flaunting manner on a stool; crossing her elbows on her knees, and looking with a bold defiance at the other two.

"What odds then! What odds, Mrs. Dilber?", said the woman. "Every person has a right to take care of themselves. He always did."

"That's true, indeed!", said the laundress. "No man more so."

« *Que la femme de journée passe la première, s'écria celle qui était entrée d'abord. La blanchisseuse viendra après elle, puis, en troisième lieu, l'homme des pompes funèbres. Eh bien! vieux Joe, dites donc, en voilà un hasard! Ne dirait-on pas que nous nous sommes donné ici rendez-vous tous les trois?*

— *Vous ne pouviez toujours pas mieux choisir la place, dit le vieux Joe ôtant sa pipe de sa bouche. Entrez au salon. Depuis longtemps vous y avez vos libres entrées, et les deux autres ne sont pas non plus des étrangers. Attendez que j'aie fermé la porte de la boutique. Ah! comme elle crie! je ne crois pas qu'il y ait ici de ferraille plus rouillée que ses gonds, comme il n'y a pas non plus, j'en suis bien sûr, d'os aussi vieux que les miens dans tout mon magasin. Ah! ah! nous sommes tous en harmonie avec notre condition, nous sommes bien assortis. Entrez au salon. Entrez.* »

Le salon était l'espace séparé de la boutique par le rideau de loques. Le vieux marchand remua le feu avec un barreau brisé provenant d'une rampe d'escalier, et, après avoir ravivé sa lampe fumeuse (car il faisait nuit) avec le tuyau de sa pipe, il le retint dans sa bouche.

Pendant qu'il faisait ainsi les honneurs de son hospitalité, la femme qui avait déjà parlé jeta son paquet à terre, et s'assit, dans une pose nonchalante, sur un tabouret, croisant ses coudes sur ses genoux, et lançant aux deux autres comme un défi hardi.

« *Eh bien! quoi? Qu'y a-t-il donc? Qu'est-ce qu'il y a, mistress Dilber? dit-elle. Chacun a bien le droit de songer à soi, je pense. Est-ce qu'il a fait autre chose toute sa vie, lui?*

— *C'est vrai, par ma foi! dit la blanchisseuse. Personne plus que lui.*

"Why then, don't stand staring as if you was afraid, woman; who's the wiser? We're not going to pick holes in each other's coats, I suppose?"

"No, indeed!", said Mrs. Dilber and the man together. "We should hope not."

"Very well, then!", cried the woman. "That's enough. Who's the worse for the loss of a few things like these? Not a dead man, I suppose."

"No, indeed", said Mrs. Dilber, laughing.

"If he wanted to keep 'em after he was dead, a wicked old screw", pursued the woman, "why wasn't he natural in his lifetime? If he had been, he'd have had somebody to look after him when he was struck with Death, instead of lying gasping out his last there, alone by himself."

"It's the truest word that ever was spoke", said Mrs. Dilber. "It's a judgment on him."

"I wish it was a little heavier judgment", replied the woman; "and it should have been, you may depend upon it, if I could have laid my hands on anything else. Open that bundle, old Joe, and let me know the value of it. Speak out plain. I'm not afraid to be the first, nor afraid for them to see it. We know pretty well that we were helping ourselves, before we met here, I believe. It's no sin. Open the bundle, Joe."

But the gallantry of her friends would not allow of this; and the man in faded black, mounting the breach first, produced his plunder.

— Eh bien ! alors, vous n'avez pas besoin de rester là à vous écarquiller les yeux comme si vous aviez peur, bonne femme : les loups ne se mangent pas, je suppose.

— Bien sûr ! dirent en même temps Mme Dilber et le croque-mort. Nous l'espérons bien.

— En ce cas, s'écria la femme, tout est pour le mieux. Il n'y a pas besoin de chercher midi à quatorze heures. Et d'ailleurs, voyez le grand mal. À qui est-ce qu'on fait tort avec ces bagatelles ? Ce n'est pas au mort, je suppose ?

— Ma foi, non, dit Mme Dilber en riant.

— S'il voulait les conserver après sa mort, le vieux grigou, poursuivit la femme, pourquoi n'a-t-il pas fait comme tout le monde ? Il n'avait qu'à prendre une garde pour le veiller quand la mort est venue le frapper, au lieu de rester là à rendre le dernier soupir dans son coin, tout seul comme un chien.

— C'est bien la pure vérité, dit Mme Dilber. Il n'a que ce qu'il mérite. — Voilà votre compte, dit-il.

— Je voudrais bien qu'il n'en eût pas quitte à si bon marché, reprit la femme ; et il en serait autrement, vous pouvez vous en rapporter à moi, si j'avais pu mettre les mains sur quelque autre chose. Ouvrez ce paquet, vieux Joe, et voyons ce que cela vaut. Parlez franchement. Je n'ai pas peur de passer la première ; je ne crains pas qu'ils le voient. Nous savions très bien, je crois, avant de nous rencontrer ici que nous faisions nos petites affaires. Il n'y a pas de mal à cela. Ouvrez le paquet, Joe. »

Mais il y eut assaut de politesse. Ses amis, par délicatesse, ne voulurent pas le permettre, et l'homme à l'habit noir râpé, montant le premier sur la brèche, produisit

It was not extensive. A seal or two, a pencil–case, a pair of sleeve–buttons, and a brooch of no great value, were all. They were severally examined and appraised by old Joe, who chalked the sums he was disposed to give for each, upon the wall, and added them up into a total when he found there was nothing more to come.

"That's your account", said Joe, "and I wouldn't give another sixpence, if I was to be boiled for not doing it. Who's next?"

Mrs. Dilber was next. Sheets and towels, a little wearing apparel, two old–fashioned silver teaspoons, a pair of sugar–tongs, and a few boots. Her account was stated on the wall in the same manner.

"I always give too much to ladies. It's a weakness of mine, and that's the way I ruin myself", said old Joe. "That's your account. If you asked me for another penny, and made it an open question, I'd repent of being so liberal and knock off half–a–crown."

"And now undo my bundle, Joe", said the first woman.

Joe went down on his knees for the greater convenience of opening it, and having unfastened a great many knots, dragged out a large and heavy roll of some dark stuff.

"What do you call this?", said Joe. "Bed–curtains!"

"Ah!", returned the woman, laughing and leaning forward on her crossed arms. "Bed–curtains!"

"You don't mean to say you took 'em down, rings and all, with him lying there?", said Joe.

son butin. Il n'était pas considérable : un cachet ou deux, un porte-crayon, deux boutons de manche et une épingle de peu de valeur, voilà tout. Chacun de ces objets fut examiné en particulier et prisé par le vieux Joe, qui marqua sur le mur avec de la craie les sommes qu'il était disposé à en donner, et additionna le total quand il vit qu'il n'y avait plus d'autre article.

« Voilà votre compte, dit-il, et je ne donnerais pas six pence de plus quand on devrait me faire rôtir à petit feu. Qui vient après ? »

C'était le tour de Mme Dilber. Elle déploya des draps, des serviettes, un habit, deux cuillers à thé en argent, forme antique, une pince à sucre et quelques bottes. Son compte lui fut fait sur le mur de la même manière.

« Je donne toujours trop aux dames. C'est une de mes faiblesses, et c'est ainsi que je me ruine, dit le vieux Joe. Voilà votre compte. Si vous me demandez un penny de plus et que vous marchandiez là-dessus, je pourrai bien me raviser et rabattre un écu sur la générosité de mon premier instinct.

— Et maintenant, Joe, défaites mon paquet », dit la première femme.

Joe se mit à genoux pour plus de facilité, et, après avoir défait une grande quantité de nœuds, il tira du paquet une grosse et lourde pièce d'étoffe sombre.

« Quel nom donnez-vous à cela ? dit-il. Des rideaux de lit ?

— Oui ! répondit la femme en riant et en se penchant sur ses bras croisés. Des rideaux de lit !

— Il n'est pas Dieu possible que vous les ayez enlevés, anneaux et tout, pendant qu'il était encore là sur son lit ? demanda

"Yes, I do", replied the woman. "Why not?"

"You were born to make your fortune", said Joe, "and you'll certainly do it."

"I certainly shan't hold my hand, when I can get anything in it by reaching it out, for the sake of such a man as he was, I promise you, Joe", returned the woman coolly. "Don't drop that oil upon the blankets, now."

"His blankets?", asked Joe.

"Whose else's do you think?", replied the woman. "He isn't likely to take cold without 'em, I dare say."

"I hope he didn't die of anything catching? Eh?", said old Joe, stopping in his work, and looking up.

"Don't you be afraid of that", returned the woman. "I ain't so fond of his company that I'd loiter about him for such things, if he did. Ah! You may look through that shirt till your eyes ache; but you won't find a hole in it, nor a threadbare place. It's the best he had, and a fine one too. They'd have wasted it, if it hadn't been for me."

"What do you call wasting of it?", asked old Joe.

"Putting it on him to be buried in, to be sure", replied the woman with a laugh. "Somebody was fool enough to do it, but I took it off again. If calico ain't good enough for such a purpose, it isn't good

Joe.

— Que si, reprit la femme, et pourquoi pas ?

— Allons, vous étiez née pour faire fortune, dit Joe, et fortune vous ferez.

— Certainement je ne retirerai pas la main quand je pourrai la mettre sur quelque chose, par égard pour un homme pareil, je vous en réponds, Joe, dit la femme avec le plus grand sang-froid. Ne laissez pas tomber de l'huile sur les couvertures, maintenant.

— Ses couvertures, à lui ? demanda Joe.

— Et à qui donc ? répondit la femme. N'avez-vous pas peur qu'il s'enrhume pour n'en pas avoir ?

— Ah çà ! j'espère toujours qu'il n'est pas mort de quelque maladie contagieuse, hein ? dit le vieux Joe, s'arrêtant dans son examen et levant la tête.

— N'ayez pas peur, Joe, je n'étais pas tellement folle, de sa société, que je fusse restée auprès de lui pour de semblables misères, s'il y avait eu le moindre danger... Oh ! vous pouvez examiner cette chemise jusqu'à ce que les yeux vous en crèvent, vous n'y trouverez pas le plus petit trou ; elle n'est pas même élimée : c'était bien sa meilleure, et de fait elle n'est pas mauvaise. C'est bien heureux que je me sois trouvée là ; sans moi, on l'aurait perdue.

— Qu'appelez-vous perdue ? demanda le vieux Joe.

— On l'aurait enseveli avec, pour sûr, reprit-elle en riant. Croiriez-vous qu'il y avait déjà eu quelqu'un d'assez sot pour le faire ; mais je la lui ai ôtée bien vite. Si le calicot n'est pas assez bon pour cette besogne, je ne vois guère à quoi il peut

enough for anything. It's quite as becoming to the body. He can't look uglier than he did in that one."

Scrooge listened to this dialogue in horror. As they sat grouped about their spoil, in the scanty light afforded by the old man's lamp, he viewed them with a detestation and disgust, which could hardly have been greater, though they had been obscene demons, marketing the corpse itself.

"Ha, ha!", laughed the same woman, when old Joe, producing a flannel bag with money in it, told out their several gains upon the ground. "This is the end of it, you see! He frightened every one away from him when he was alive, to profit us when he was dead! Ha, ha, ha!"

"Spirit!", said Scrooge, shuddering from head to foot. "I see, I see. The case of this unhappy man might be my own. My life tends that way, now. Merciful Heaven, what is this!"

He recoiled in terror, for the scene had changed, and now he almost touched a bed: a bare, uncurtained bed: on which, beneath a ragged sheet, there lay a something covered up, which, though it was dumb, announced itself in awful language.

The room was very dark, too dark to be observed with any accuracy, though Scrooge glanced round it in obedience to a secret impulse, anxious to know what kind of room it was. A pale light, rising in the outer air, fell straight upon

servir. C'est très bon pour couvrir un corps ; et, quant à l'élégance, le bonhomme ne sera pas plus laid dans une chemise de calicot qu'il ne l'était avec sa chemise de toile, c'est impossible. »

Scrooge écoutait ce dialogue avec horreur. Tous ces gens-là, assis ou plutôt accroupis autour de leur proie, serrés les uns contre les autres, à la faible lueur de la lampe du vieillard, lui causaient un sentiment de haine et de dégoût aussi prononcé que s'il eût vu d'obscènes démons occupés à marchander le cadavre lui-même.

« Ah ! ah ! continua en riant la même femme lorsque le vieux Joe, tirant un sac de flanelle rempli d'argent, compta à chacun, sur le plancher, la somme qui lui revenait pour sa part. Voilà bien le meilleur, voyez-vous ! Il n'a, de son vivant, effrayé tout le monde, et tenu chacun loin de lui que pour nous assurer des profits après sa mort. Ah ! ah ! ah !

— Esprit ! dit Scrooge frissonnant de la tête aux pieds. Je comprends, je comprends. Le sort de cet infortuné pourrait être le mien. C'est là que mène une vie comme la mienne... Seigneur miséricordieux, qu'est-ce que je vois ? »

Il recula de terreur, car la scène avait changé, et il touchait presque un lit, un lit nu, sans rideaux, sur lequel, recouvert d'un drap déchiré, reposait quelque chose dont le silence même révélait la nature en un terrible langage.

La chambre était très sombre, trop sombre pour qu'on pût remarquer avec exactitude ce qui s'y trouvait, bien que Scrooge, obéissant à une impulsion secrète, promenât ses regards curieux, inquiet de savoir ce que c'était que cette chambre. Une pâle lumière, venant du dehors,

the bed; and on it, plundered and bereft, unwatched, unwept, uncared for, was the body of this man.

Scrooge glanced towards the Phantom. Its steady hand was pointed to the head. The cover was so carelessly adjusted that the slightest raising of it, the motion of a finger upon Scrooge's part, would have disclosed the face. He thought of it, felt how easy it would be to do, and longed to do it; but had no more power to withdraw the veil than to dismiss the spectre at his side.

Oh cold, cold, rigid, dreadful Death, set up thine altar here, and dress it with such terrors as thou hast at thy command: for this is thy dominion! But of the loved, revered, and honoured head, thou canst not turn one hair to thy dread purposes, or make one feature odious. It is not that the hand is heavy and will fall down when released; it is not that the heart and pulse are still; but that the hand was open, generous, and true; the heart brave, warm, and tender; and the pulse a man's. Strike, Shadow, strike! And see his good deeds springing from the wound, to sow the world with life immortal!

No voice pronounced these words in Scrooge's ears, and yet he heard them when he looked upon the bed. He thought, if this man could be raised up now, what would be his foremost thoughts? Avarice, hard−dealing, griping cares? They

tombait directement sur le lit où gisait le cadavre de cet homme dépouillé, volé, abandonné de tout le monde, auprès duquel personne ne pleurait, personne ne veillait.

Scrooge jeta les yeux sur le fantôme, dont la main fatale lui montrait la tête du mort. Le linceul avait été jeté avec tant de négligence, qu'il aurait suffi du plus léger mouvement de son doigt pour mettre à nu ce visage. Scrooge y songea ; il voyait combien c'était facile, il éprouvait le désir de le faire, mais il n'avait pas plus la force d'écarter ce voile que de renvoyer le spectre, qui se tenait debout à ses côtés.

« Oh ! froide, froide, affreuse, épouvantable mort ! Tu peux dresser ici ton autel et l'entourer de toutes les terreurs dont tu disposes ; car tu es bien là dans ton domaine ! Mais, quand c'est une tête aimée, respectée et honorée, tu ne peux faire servir un seul de ses cheveux à tes terribles desseins, ni rendre odieux un de ses traits. Ce n'est pas qu'alors la main ne devienne pesante aussi, et ne retombe si je l'abandonne ; ce n'est pas que le cœur et le pouls ne soient silencieux ; mais cette main, elle fut autrefois ouverte, généreuse, loyale ; ce cœur fut brave, chaud, honnête et tendre : c'était un vrai cœur d'homme qui battait là dans sa poitrine. Frappe, frappe, mort impitoyable ! tes coups sont vains. Tu vas voir jaillir de sa blessure ses bonnes actions, l'honneur de sa vie éphémère, la semence de sa vie immortelle ! »

Aucune voix ne prononça ces paroles aux oreilles de Scrooge, il les entendit cependant lorsqu'il regarda le lit. « Si cet homme pouvait revivre, pensait-il, que dirait-il à présent de ses pensées d'autrefois ? L'avarice, la dureté de cœur, l'âpreté au gain, ces pensées-là, vraiment,

have brought him to a rich end, truly!

He lay, in the dark empty house, with not a man, a woman, or a child, to say that he was kind to me in this or that, and for the memory of one kind word I will be kind to him. A cat was tearing at the door, and there was a sound of gnawing rats beneath the hearth-stone. What they wanted in the room of death, and why they were so restless and disturbed, Scrooge did not dare to think.

"Spirit!", he said, "this is a fearful place. In leaving it, I shall not leave its lesson, trust me. Let us go!"

Still the Ghost pointed with an unmoved finger to the head.

"I understand you", Scrooge returned, "and I would do it, if I could. But I have not the power, Spirit. I have not the power."

Again it seemed to look upon him.

"If there is any person in the town, who feels emotion caused by this man's death", said Scrooge quite agonised, "show that person to me, Spirit, I beseech you!"

The Phantom spread its dark robe before him for a moment, like a wing; and withdrawing it, revealed a room by daylight, where a mother and her children were.

She was expecting some one, and with anxious eagerness; for she walked up and down the room; started at every sound; looked out from the window; glanced at the clock; tried, but in vain, to work

l'ont conduit à une belle fin ! »

« *Il est là, gisant dans cette maison déserte et sombre, où il n'y a ni homme, ni femme, ni enfant, qui puisse dire : Il fut bon pour moi dans telle ou telle circonstance, et je serai bon pour lui, à mon tour, en souvenir d'une parole bienveillante.* » *Seulement un chat grattait à la porte, et, sous la pierre du foyer, on entendait un bruit de rats qui rongeaient quelque chose. Que venaient-ils chercher dans cette chambre mortuaire ? Pourquoi étaient-ils si avides, si turbulents ? Scrooge n'osa y penser.*

« *Esprit, dit-il, ce lieu est affreux. En le quittant, je n'oublierai pas la leçon qu'il me donne, croyez-moi. Partons !* »

Le spectre, de son doigt immobile, lui montrait toujours la tête du cadavre.

« *Je vous comprends, répondit Scrooge, et je le ferais si je pouvais. Mais je n'en ai pas la force ; esprit, je n'en ai pas la force.* »

Le fantôme parut encore le regarder avec une attention plus marquée.

« *S'il y a quelqu'un dans la ville qui ressente une émotion pénible par suite de la mort de cet homme, dit Scrooge en proie aux angoisses de l'agonie, montrez-moi cette personne, esprit, je vous en conjure.* »

Le fantôme étendit un moment sa sombre robe devant lui comme une aile, puis, la repliant, lui fit voir une chambre éclairée par la lumière du jour, où se trouvaient une mère et ses enfants.

Elle attendait quelqu'un avec une impatience inquiète ; car elle allait et venait dans sa chambre, tressaillait au moindre bruit, regardait par la fenêtre, jetait les yeux sur la pendule, essayait, mais en vain, de recourir à son aiguille, et

with her needle; and could hardly bear the voices of the children in their play.

At length the long-expected knock was heard. She hurried to the door, and met her husband; a man whose face was careworn and depressed, though he was young. There was a remarkable expression in it now; a kind of serious delight of which he felt ashamed, and which he struggled to repress.

He sat down to the dinner that had been boarding for him by the fire; and when she asked him faintly what news (which was not until after a long silence), he appeared embarrassed how to answer.

"Is it good?", she said. "Or bad?"—to help him.

"Bad", he answered.

"We are quite ruined?"

"No. There is hope yet, Caroline."

"If he relents", she said, amazed, "there is! Nothing is past hope, if such a miracle has happened."

"He is past relenting", said her husband. "He is dead."

She was a mild and patient creature if her face spoke truth; but she was thankful in her soul to hear it, and she said so, with clasped hands. She prayed forgiveness the next moment, and was sorry; but the first was the emotion of her heart.

"What the half-drunken woman whom I told you of last night, said to me, when I tried to see him and obtain a week's delay; and what I

pouvait à peine supporter les voix des enfants dans leurs jeux.

Enfin retentit à la porte le coup de marteau si longtemps attendu. Elle courut ouvrir : c'était son mari, homme jeune encore, au visage abattu, flétri par le chagrin ; on y voyait pourtant en ce moment une expression remarquable, une sorte de plaisir triste dont il avait honte et qu'il s'efforçait de réprimer.

Il s'assit pour manger le dîner que sa femme avait tenu chaud près du feu, et quand elle lui demanda d'une voix faible : « Quelles nouvelles ? » (ce qu'elle ne fit qu'après un long silence), il parut embarrassé de répondre.

« Sont-elles bonnes ou mauvaises ? dit-elle pour l'aider.

— Mauvaises, répondit-il.

— Sommes-nous tout à fait ruinés ?

— Non, Caroline. il y a encore de l'espoir.

— S'il se laisse toucher, dit-elle toute surprise ; après un tel miracle, on pourrait tout espérer, sans doute.

— Il ne peut plus se laisser toucher, dit le mari ; il est mort. »

C'était une créature douce et patiente que cette femme. On le voyait rien qu'à sa figure, et cependant elle ne put s'empêcher de bénir Dieu au fond de son âme à cette annonce imprévue, ni de le dire en joignant les mains. L'instant d'après, elle demanda pardon au ciel, car elle en avait regret ; mais le premier mouvement partait du cœur.

« Ce que cette femme à moitié ivre, dont je vous ai parlé hier soir, m'a dit, quand j'ai essayé de le voir pour obtenir de lui une semaine de délai, et ce que je

thought was a mere excuse to avoid me; turns out to have been quite true. He was not only very ill, but dying, then."

"To whom will our debt be transferred?"

"I don't know. But before that time we shall be ready with the money; and even though we were not, it would be a bad fortune indeed to find so merciless a creditor in his successor. We may sleep tonight with light hearts, Caroline!"

Yes. Soften it as they would, their hearts were lighter. The children's faces, hushed and clustered round to hear what they so little understood, were brighter; and it was a happier house for this man's death! The only emotion that the Ghost could show him, caused by the event, was one of pleasure.

"Let me see some tenderness connected with a death", said Scrooge; "or that dark chamber, Spirit, which we left just now, will be for ever present to me."

The Ghost conducted him through several streets familiar to his feet; and as they went along, Scrooge looked here and there to find himself, but nowhere was he to be seen. They entered poor Bob Cratchit's house; the dwelling he had visited before; and found the mother and the children seated round the fire.

Quiet. Very quiet. The noisy little Cratchits were as still as statues in one corner, and sat

regardais comme une défaite pour m'éviter est la vérité pure ; non seulement il était déjà fort malade, mais il était mourant.

— À qui sera transférée notre dette ?

— Je l'ignore. Mais, avant ce temps, nous aurons la somme, et, lors même que nous ne serions pas prêts, ce serait jouer de malheur si nous trouvions dans son successeur un créancier aussi impitoyable. Nous pouvons dormir cette nuit plus tranquilles, Caroline ! »

Oui, malgré eux, leurs cœurs étaient débarrassés d'un poids bien lourd. Les visages des enfants groupés autour d'eux, afin d'écouter une conversation qu'ils comprenaient si peu, étaient plus ouverts et animés d'une joie plus vive ; la mort de cet homme rendait un peu de bonheur à une famille ! La seule émotion causée par cet événement, dont le spectre venait de rendre Scrooge témoin, était une émotion de plaisir.

« Esprit, dit Scrooge, faites-moi voir quelque scène de tendresse étroitement liée avec l'idée de la mort ; sinon cette chambre sombre, que nous avons quittée tout à l'heure, sera toujours présente à mon souvenir. »

Le fantôme le conduisit au travers de plusieurs rues qui lui étaient familières ; à mesure qu'ils marchaient, Scrooge regardait de côté et d'autre dans l'espoir de retrouver son image, mais nulle part il ne pouvait la voir. Ils entrèrent dans la maison du pauvre Bob Cratchit, cette même maison que Scrooge avait visitée précédemment, et trouvèrent la mère et les enfants assis autour du feu.

Ils étaient calmes, très calmes. Les bruyants petits Cratchit se tenaient dans un coin aussi tranquilles que des statues,

looking up at Peter, who had a book before him. The mother and her daughters were engaged in sewing. But surely they were very quiet!

"And he took a child, and set him in the midst of them."

Where had Scrooge heard those words? He had not dreamed them. The boy must have read them out, as he and the Spirit crossed the threshold. Why did he not go on?

The mother laid her work upon the table, and put her hand up to her face.

"The color hurts my eyes", she said.

The color? Ah, poor Tiny Tim!

"They're better now again", said Cratchit's wife. "It makes them weak by candle–light; and I wouldn't show weak eyes to your father when he comes home, for the world. It must be near his time."

"Past it rather", Peter answered, shutting up his book. "But I think he has walked a little slower than he used, these few last evenings, mother."

They were very quiet again. At last she said, and in a steady, cheerful voice, that only faltered once:

"I have known him walk with— I have known him walk with Tiny Tim upon his shoulder, very fast indeed."

"And so have I", cried Peter. "Often."

et demeuraient assis, les yeux fixés sur Pierre, qui avait un livre ouvert devant lui. La mère et ses filles s'occupaient à coudre. Toute la famille était bien tranquille assurément !

« *Et il prit un enfant, et il le mit au milieu d'eux.* »

Où Scrooge avait-il entendu ces paroles ? Il ne les avait pas rêvées. Il fallait bien que ce fut l'enfant qui les avait lues à haute voix, quand Scrooge et l'esprit franchissaient le seuil de la porte. Pourquoi interrompait-il sa lecture ?

La mère posa son ouvrage sur la table et se couvrit le visage de ses mains.

« *La couleur de cette étoffe me fait mal aux yeux, dit-elle.*

— *La couleur ? Ah ! pauvre Tiny Tim !*

— *Ils sont mieux maintenant, dit la femme de Cratchit. C'est sans doute de travailler à la lumière qui les fatigue, mais je ne voudrais pour rien au monde laisser voir à votre père, quand il rentrera, que mes yeux sont fatigués. Il ne doit pas tarder, c'est bientôt l'heure.*

— *L'heure est passée, répondit Pierre en fermant le livre. Mais je trouve qu'il va un peu moins vite depuis quelques soirs, ma mère.* »

La famille retomba dans son silence et son immobilité. Enfin, la mère reprit d'une voix ferme, dont le ton de gaieté ne faiblit qu'une fois :

« *J'ai vu un temps où il allait vite, très vite même, avec... avec Tiny Tim sur son épaule.*

— *Et moi aussi, s'écria Pierre ; souvent.*

"And so have I", exclaimed another. So had all.

"But he was very light to carry", she resumed, intent upon her work, "'and his father loved him so, that it was no trouble: no trouble. And there is your father at the door!"

She hurried out to meet him; and little Bob in his comforter—he had need of it, poor fellow—came in. His tea was ready for him on the hob, and they all tried who should help him to it most. Then the two young Cratchits got upon his knees and laid, each child a little cheek, against his face, as if they said "Don't mind it, father. Don't be grieved!"

Bob was very cheerful with them, and spoke pleasantly to all the family. He looked at the work upon the table, and praised the industry and speed of Mrs. Cratchit and the girls. They would be done long before Sunday, he said.

"Sunday! You went today, then, Robert?", said his wife.

"Yes, my dear", returned Bob. "I wish you could have gone. It would have done you good to see how green a place it is. But you'll see it often. I promised him that I would walk there on a Sunday. My little, little child!", cried Bob. "My little child!"

He broke down all at once. He couldn't help it. If he could have helped it, he and his child would have been farther apart perhaps than they were.

He left the room, and went upstairs into the room above, which was lighted cheerfully, and hung

— Et moi aussi, » s'écria un autre. Tous répétèrent : « Et moi aussi.

— Mais Tiny Tim était très léger à porter, reprit la mère en retournant à son ouvrage ; et puis son père l'aimait tant que ce n'était pas pour lui une peine... oh ! non. Mais j'entends votre père à la porte ! »

Elle courut au-devant de lui. Le petit Bob entra avec son cache-nez ; il en avait bien besoin, le pauvre père. Son thé était tout prêt contre le feu, c'était à qui s'empresserait pour le servir. Alors les deux petits Cratchit grimpèrent sur ses genoux, et chacun d'eux posa sa petite joue contre les siennes, comme pour lui dire : « N'y pensez plus, mon père ; ne vous chagrinez pas ! »

Bob fut très gai avec eux, il eut pour tout le monde une bonne parole : il regarda l'ouvrage étalé sur la table et donna des éloges à l'adresse et à l'habileté de Cratchit et de ses filles. « Ce sera fini longtemps avant dimanche, dit-il.

— Dimanche ! Vous y êtes donc allé aujourd'hui, Robert ? demanda sa femme.

— Oui, ma chère, répondit Bob. J'aurais voulu que vous eussiez pu y venir : cela vous aurait fait du bien de voir comme l'emplacement est vert. Mais vous irez le voir souvent. Je lui avais promis que j'irais m'y promener un dimanche... Mon petit, mon petit enfant ! s'écria Bob ! Mon cher petit enfant ! »

Il éclata tout à coup, sans pouvoir s'en empêcher. Pour qu'il pût s'en empêcher, il n'aurait pas fallu qu'il se sentît encore si près de son enfant.

Il quitta la chambre et monta dans celle de l'étage supérieur, joyeusement éclairée et parée de guirlandes comme à

with Christmas. There was a chair set close beside the child, and there were signs of some one having been there, lately. Poor Bob sat down in it, and when he had thought a little and composed himself, he kissed the little face. He was reconciled to what had happened, and went down again quite happy.

They drew about the fire, and talked; the girls and mother working still. Bob told them of the extraordinary kindness of Mr. Scrooge's nephew, whom he had scarcely seen but once, and who, meeting him in the street that day, and seeing that he looked a little— "just a little down you know", said Bob, inquired what had happened to distress him. "On which", said Bob, "for he is the pleasantest-spoken gentleman you ever heard, I told him. 'I am heartily sorry for it, Mr. Cratchit', he said, 'and heartily sorry for your good wife.' By the bye, how he ever knew that, I don't know."

"Knew what, my dear?"

"Why, that you were a good wife", replied Bob.

"Everybody knows that!", said Peter.

"Very well observed, my boy!", cried Bob. "I hope they do. 'Heartily sorry', he said, 'for your good wife. If I can be of service to you in any way', he said, giving me his card, 'that's where I live. Pray come to me.' Now, it wasn't", cried Bob, "for the sake of anything he might be able to do for us, so much as for his kind way, that this was quite delightful. It really seemed as

Noël. Il y avait une chaise placée tout contre le lit de l'enfant, et l'on voyait à des signes certains que quelqu'un était venu récemment l'occuper. Le pauvre Bob s'y assit à son tour ; et, quand il se fut un peu recueilli, un peu calmé, il déposa un baiser sur ce cher petit visage. Alors il se montra plus résigné à ce cruel événement, et redescendit presque heureux... en apparence.

La famille se rapprocha du feu en causant ; les jeunes filles et leur mère travaillaient toujours. Bob leur parla de la bienveillance extraordinaire que lui avait témoignée le neveu de M. Scrooge, qu'il avait vu une fois à peine, et qui, le rencontrant ce jour-là dans la rue et le voyant un peu... un peu abattu, vous savez, dit Bob, s'était informé avec intérêt de ce qui lui arrivait de fâcheux. Sur quoi, poursuivit Bob, car c'est bien le monsieur le plus affable qu'il soit possible de voir, je lui ai tout raconté. — Je suis sincèrement affligé de ce que vous m'apprenez, monsieur Cratchit, dit-il, pour vous et pour votre excellente femme. À propos, comment a-t-il pu savoir cela, je l'ignore absolument.

— Savoir quoi, mon ami ?

— Que vous étiez une excellente femme.

— Mais tout le monde ne le sait-il pas ? dit Pierre.

— Très bien répliqué, mon garçon ! s'écria Bob. J'espère que tout le monde le sait. « Sincèrement affligé, disait-il, pour votre excellente femme ; si je puis vous être utile en quelque chose, ajouta-t-il en me remettant sa carte, voici mon adresse. Je vous en prie, venez me voir. » Eh bien ! j'en ai été charmé, non pas tant pour ce qu'il serait en état de faire en notre faveur, que pour ses manières pleines de bienveillance. On aurait dit qu'il avait

if he had known our Tiny Tim, and felt with us."

"I'm sure he's a good soul!", said Mrs. Cratchit.

"You would be surer of it, my dear", returned Bob, "if you saw and spoke to him. I shouldn't be at all surprised—mark what I say!—if he got Peter a better situation."

"Only hear that, Peter", said Mrs. Cratchit.

"And then", cried one of the girls, "Peter will be keeping company with some one, and setting up for himself."

"Get along with you!", retorted Peter, grinning.

"It's just as likely as not", said Bob, "one of these days; though there's plenty of time for that, my dear. But however and whenever we part from one another, I am sure we shall none of us forget poor Tiny Tim—shall we—or this first parting that there was among us?"

"Never, father!", cried they all.

"And I know", said Bob, "I know, my dears, that when we recollect how patient and how mild he was; although he was a little, little child; we shall not quarrel easily among ourselves, and forget poor Tiny Tim in doing it."

"No, never, father!", they all cried again.

"I am very happy", said little Bob, "I am very happy!"

Mrs. Cratchit kissed him, his

réellement connu notre Tiny Tim, et qu'il le regrettait comme nous.

— Je suis sûre qu'il a un bon cœur, dit Mme Cratchit.

— Vous en seriez bien plus sûre, ma chère amie, reprit Bob, si vous l'aviez vu et que vous lui eussiez parlé. Je ne serais pas du tout surpris, remarquez ceci, qu'il trouvât une meilleure place à Pierre.

— Entendez-vous, Pierre ? dit Mme Cratchit.

— Et alors, s'écria une des jeunes filles, Pierre se mariera et s'établira pour son compte.

— Allez vous promener, repartit Pierre en faisant une grimace.

— Dame ! cela peut être ou ne pas être, l'un n'est pas plus sûr que l'autre, dit Bob. La chose peut arriver un de ces jours, quoique nous ayons, mon enfant, tout le temps d'y penser. Mais, de quelque manière et dans quelque temps que nous nous séparions les uns des autres, je suis sûr que pas un de nous n'oubliera le pauvre Tiny Tim ; n'est-ce pas, nous n'oublierons jamais cette première séparation ?

— Jamais, mon père, s'écrièrent-ils tous ensemble.

— Et je sais, dit Bob, je sais, mes amis, que, quand nous nous rappellerons combien il fut doux et patient, quoique ce ne fût qu'un tout petit, tout petit enfant, nous n'aurons pas de querelles les uns avec les autres, car ce serait oublier le pauvre Tiny Tim.

— Non, jamais, mon père ! répétèrent-ils tous.

— Vous me rendez bien heureux, dit le petit Bob, oui, bien heureux ! »

Mme Cratchit l'embrassa, ses filles

daughters kissed him, the two young Cratchits kissed him, and Peter and himself shook hands. Spirit of Tiny Tim, thy childish essence was from God!

"Spectre", said Scrooge, "something informs me that our parting moment is at hand. I know it, but I know not how. Tell me what man that was whom we saw lying dead?"

The Ghost of Christmas Yet To Come conveyed him, as before—though at a different time, he thought: indeed, there seemed no order in these latter visions, save that they were in the Future—into the resorts of business men, but showed him not himself. Indeed, the Spirit did not stay for anything, but went straight on, as to the end just now desired, until besought by Scrooge to tarry for a moment.

"This court", said Scrooge, "through which we hurry now, is where my place of occupation is, and has been for a length of time. I see the house. Let me behold what I shall be, in days to come!"

The Spirit stopped; the hand was pointed elsewhere.

"The house is yonder", Scrooge exclaimed. "Why do you point away?"

The inexorable finger underwent no change.

Scrooge hastened to the window of his office, and looked in. It was an office still, but not his. The furniture was not the same, and the figure in the chair was not himself.

l'embrassèrent, les deux petits Cratchii l'embrassèrent, Pierre et lui se serrèrent tendrement la main. Âme de Tiny Tim, dans ton essence enfantine tu étais une émanation de la divinité !

« Spectre, dit Scrooge, quelque chose me dit que l'heure de notre séparation approche. Je le sais, sans savoir comment elle aura lieu. Dites-moi quel était donc cet homme que nous avons vu gisant sur son lit de mort ? »

Le fantôme de Noël futur le transportai comme auparavant (quoique à une époque différente, pensait-il, car ces dernières visions se brouillaient un peu dans son esprit ; ce qu'il y voyait de plus clair, c'est qu'elles se rapportaient à l'avenir), dans les lieux où se réunissent les gens d'affaires et les négociants, mais sans lui montrer son autre lui-même. À la vérité, l'esprit ne s'arrêta nulle part, mais continua sa course directement, comme pour atteindre plus vite au but, jusqu'au moment où Scrooge le supplia de s'arrêter un instant.

« Cette cour, dit-il, que nous traversons si vite, est depuis longtemps le lieu où j'ai établi le centre de mes occupations. Je reconnais la maison ; laissez-moi voir ce que je serai un jour. »

L'esprit s'arrêta ; sa main désignait un autre point.

« Voici la maison là-bas, s'écria Scrooge. Pourquoi me faites-vous signe d'aller plus loin ? »

L'inexorable doigt ne changeait pas de direction.

Scrooge courut à la hâte vers la fenêtre de son comptoir et regarda dans l'intérieur. C'était encore un comptoir, mais non plus le sien. L'ameublement n'était pas le même, la personne assise dans le fauteuil n'était pas lui. Le fantôme faisait toujours

The Phantom pointed as before.

He joined it once again, and wondering why and whither he had gone, accompanied it until they reached an iron gate. He paused to look round before entering.

A churchyard. Here, then; the wretched man whose name he had now to learn, lay underneath the ground. It was a worthy place. Walled in by houses; overrun by grass and weeds, the growth of vegetation's death, not life; choked up with too much burying; fat with repleted appetite. A worthy place!

The Spirit stood among the graves, and pointed down to one. He advanced towards it trembling. The Phantom was exactly as it had been, but he dreaded that he saw new meaning in its solemn shape.

"Before I draw nearer to that stone to which you point", said Scrooge, "answer me one question. Are these the shadows of the things that will be, or are they shadows of things that may be, only?"

Still the Ghost pointed downward to the grave by which it stood.

"Men's courses will foreshadow certain ends, to which, if persevered in, they must lead", said Scrooge. "But if the courses be departed from, the ends will change. Say it is thus with what you show me!"

The Spirit was immovable as ever.

Scrooge crept towards it, trembling as he went; and following the finger, read upon the stone of

le geste indicateur.

Scrooge le rejoignit, et, tout en se demandant pourquoi il ne se voyait pas là et ce qu'il pouvait être devenu, il suivit son guide jusqu'à une grille de fer. Avant d'entrer, il s'arrêta pour regarder autour de lui.

Un cimetière. Ici, sans doute, gît sous quelques pieds de terre le malheureux dont il allait apprendre le nom. C'était un bien bel endroit, ma foi ! environné de longues murailles, de maisons voisines, envahi par le gazon et les herbes sauvages, plutôt la mort de la végétation que la vie, encombré du trop-plein des sépultures, engraissé jusqu'au dégoût. Oh ! le bel endroit !

L'esprit, debout au milieu des tombeaux, en désigna un. Scrooge s'en approcha en tremblant. Le fantôme était toujours exactement le même, mais Scrooge crut reconnaître dans sa forme solennelle quelque augure nouveau dont il eut peur.

« Avant que je fasse un pas de plus vers cette pierre que vous me montrez, lui dit-il, répondez à cette seule question : Tout ceci, est-ce l'image de ce qui doit être, ou seulement de ce qui peut être ? »

L'esprit, pour toute réponse abaissa sa main du côté de la tombe près de laquelle il se tenait.

« Quand les hommes s'engagent dans quelques résolutions, elles leur annoncent certain but qui peut être inévitable, s'ils persévèrent dans leur voie. Mais, s'ils la quittent, le but change ; en est-il de même des tableaux que vous faites passer sous mes yeux ? »

Et l'esprit demeura immobile comme toujours.

Scrooge se traîna vers le tombeau, tremblant de frayeur, et, suivant la direction du doigt, lut sur la pierre d'une

the neglected grave his own name, Ebenezer Scrooge.	*sépulture abandonnée son propre nom :* EBENEZER SCROOGE

(The Last of the Spirits) – (Le dernier des trois esprits)

"Am I that man who lay upon the bed?", he cried, upon his knees.	« *C'est donc moi qui suis l'homme que j'ai vu gisant sur son lit de mort ?* » *s'écria-t-il, tombant à genoux.*
The finger pointed from the grave to him, and back again.	*Le doigt du fantôme se dirigea alternativement de la tombe à lui et de lui à la tombe.*

"No, Spirit! Oh, no, no!"

The finger still was there.

"Spirit!", he cried, tight clutching at its robe. "Hear me! I am not the man I was. I will not be the man I must have been but for this intercourse. Why show me this, if I am past all hope!"

For the first time the hand appeared to shake.

"Good Spirit", he pursued, as down upon the ground he fell before it: "Your nature intercedes for me, and pities me. Assure me that I yet may change these shadows you have shown me, by an altered life!"

The kind hand trembled.

"I will honour Christmas in my heart, and try to keep it all the year. I will live in the Past, the Present, and the Future. The Spirits of all Three shall strive within me. I will not shut out the lessons that they teach. Oh, tell me I may sponge away the writing on this stone!"

In his agony, he caught the spectral hand. It sought to free itself, but he was strong in his entreaty, and detained it. The Spirit, stronger yet, repulsed him.

Holding up his hands in a last prayer to have his fate aye reversed, he saw an alteration in the Phantom's hood and dress. It shrunk, collapsed, and dwindled down into a bedpost.

« Non, esprit ! oh ! non, non ! »

Le doigt était toujours là.

« Esprit, s'écria-t-il en se cramponnant à sa robe, écoutez— moi ! je ne suis plus l'homme que j'étais ; je ne serai plus l'homme que j'aurais été si je n'avais pas eu le bonheur de vous connaître. Pourquoi me montrer toutes ces choses, s'il n'y a plus aucun espoir pour moi ? »

Pour la première fois, la main parut faire un mouvement.

« Bon esprit, poursuivit Scrooge toujours prosterné à ses pieds, la face contre terre, vous intercéderez pour moi, vous aurez pitié de moi. Assurez-moi que je puis encore changer ces images que vous m'avez montrées, en changeant de vie ! »

La main s'agita avec un geste bienveillant.

« J'honorerai Noël au fond de mon cœur, et je m'efforcerai d'en conserver le culte toute l'année. Je vivrai dans le passé, le présent et l'avenir ; les trois esprits ne me quitteront plus, car je ne veux pas oublier leurs leçons. Oh ! dites-moi que je puis faire disparaître l'inscription de cette pierre ! »

Dans son angoisse, il saisit la main du spectre. Elle voulut se dégager, mais il la retint par une puissante étreinte. Toutefois l'esprit, plus fort, encore cette fois, le repoussa.

Levant les mains dans une dernière prière, afin d'obtenir du spectre qu'il changeât sa destinée, Scrooge aperçut une altération dans la robe à capuchon de l'esprit, qui diminua de taille, s'affaissa sur lui-même et se transforma en colonne de lit.

Stave Five - Cinquième couplet

The End of It

La conclusion

Yes! And the bedpost was his own. The bed was his own, the room was his own. Best and happiest of all, the Time before him was his own, to make amends in!

"I will live in the Past, the Present, and the Future!", Scrooge repeated, as he scrambled out of bed. "The Spirits of all Three shall strive within me. Oh Jacob Marley! Heaven, and the Christmas Time be praised for this! I say it on my knees, old Jacob; on my knees!"

He was so fluttered and so glowing with his good intentions, that his broken voice would scarcely answer to his call. He had been sobbing violently in his conflict with the Spirit, and his face was wet with tears.

"They are not torn down", cried Scrooge, folding one of his bed-curtains in his arms, "they are not torn down, rings and all. They are here—I am here—the shadows of

C*'était une colonne de lit. Oui, et de son lit encore et dans sa chambre bien mieux. Le lendemain lui appartenait pour s'amender et réformer sa vie !*

« Je veux vivre dans le passé ; le présent et l'avenir ! répéta Scrooge en sautant à bas du lit. Les leçons des trois esprits demeureront gravées dans ma mémoire. Ô Jacob Marley ! que le ciel et la fête de Noël soient bénis de leurs bienfaits ! je le dis à genoux, vieux Jacob, oui, à genoux. »

Il était si animé, si échauffé par de bonnes résolutions, que sa voix brisée répondait à peine au sentiment qui l'inspirait. Il avait sangloté violemment dans sa lutte avec l'esprit, et son visage était inondé de larmes.

« Ils ne sont pas arrachés, s'écria Scrooge embrassant un des rideaux de son lit, ils ne sont pas arrachés, ni les anneaux non plus. Ils sont ici, je suis ici ; les images des choses qui auraient pu se

the things that would have been, may be dispelled. They will be. I know they will!"

His hands were busy with his garments all this time; turning them inside out, putting them on upside down, tearing them, mislaying them, making them parties to every kind of extravagance.

"I don't know what to do!", cried Scrooge, laughing and crying in the same breath; and making a perfect Laocoön of himself with his stockings. "I am as light as a feather, I am as happy as an angel, I am as merry as a schoolboy. I am as giddy as a drunken man. A merry Christmas to everybody! A happy New Year to all the world. Hallo here! Whoop! Hallo!"

He had frisked into the sitting–room, and was now standing there: perfectly winded.

"There's the saucepan that the gruel was in!", cried Scrooge, starting off again, and going round the fireplace. "There's the door, by which the Ghost of Jacob Marley entered! There's the corner where the Ghost of Christmas Present, sat! There's the window where I saw the wandering Spirits! It's all right, it's all true, it all happened. Ha ha ha!"

Really, for a man who had been out of practice for so many years, it was a splendid laugh, a most illustrious laugh. The father of a long, long line of brilliant laughs!

"I don't know what day of the month it is!", said Scrooge. "I don't know how long I've been among the Spirits. I don't know anything. I'm quite a baby. Never mind. I don't care. I'd rather be a baby.

réaliser peuvent s'évanouir ; elles s'évanouiront, je le sais !»

Cependant ses mains étaient occupées à brouiller ses vêtements ; il les mettait à l'envers, les retournait sens dessus dessous, le bas en haut et le haut en bas ; dans son trouble, il les déchirait, les laissait tomber à terre, les rendait enfin complices de toutes sortes d'extravagances.

« Je ne sais pas ce que fais ! s'écria-t-il riant et pleurant à la fois, et se posant avec ses bas en copie parfaite du Laocoon antique et de ses serpents. Je suis léger comme une plume ; je suis heureux comme un ange, gai comme un écolier, étourdi comme un homme ivre. Un joyeux Noël à tout le monde ! une bonne, une heureuse année à tous ! Holà ! hé ! ho ! holà ! »

Il avait passé en gambadant de sa chambre dans le salon, et se trouvait là maintenant, tout hors d'haleine.

« Voilà bien la casserole où était l'eau de gruau ! s'écria-t-il en s'élançant de nouveau et recommençant ses cabrioles devant la cheminée. Voilà la porte par laquelle est entré le spectre de Marley ! voilà le coin où était assis l'esprit de Noël présent ! voilà la fenêtre où j'ai vu les âmes en peine : tout est à sa place, tout est vrai, tout est arrivé... Ah ! ah ! ah ! »

Réellement, pour un homme qui n'avait pas pratiqué depuis tant d'années, c'était un rire splendide, un des rires les plus magnifiques, le père d'une longue, longue lignée de rires éclatants !

« Je ne sais quel jour du mois nous sommes aujourd'hui ! continua Scrooge. Je ne sais combien de temps je suis demeuré parmi les esprits. Je ne sais rien : je suis comme un petit enfant. Cela m'est bien égal. je voudrais bien l'être, un petit

Hallo! Whoop! Hallo here!"

He was checked in his transports by the churches ringing out the lustiest peals he had ever heard. Clash, clang, hammer; ding, dong, bell. Bell, dong, ding; hammer, clang, clash! Oh, glorious, glorious!

Running to the window, he opened it, and put out his head. No fog, no mist; clear, bright, jovial, stirring, cold; cold, piping for the blood to dance to; Golden sunlight; Heavenly sky; sweet fresh air; merry bells. Oh, glorious! Glorious!

"What's today!", cried Scrooge, calling downward to a boy in Sunday clothes, who perhaps had loitered in to look about him.

"Eh?", returned the boy, with all his might of wonder.

"What's today, my fine fellow?", said Scrooge.

"Today!", replied the boy. "Why, Christmas day."

"It's Christmas day!", said Scrooge to himself. "I haven't missed it. The Spirits have done it all in one night. They can do anything they like. Of course they can. Of course they can. Hallo, my fine fellow!"

"Hallo!", returned the boy.

"Do you know the Poulterer's, in the next street but one, at the corner?", Scrooge inquired.

"I should hope I did", replied the lad.

"An intelligent boy!", said Scrooge. "A remarkable boy! Do

enfant. Hé ! holà ! houp ! holà ! hé ! »

Il fut interrompu dans ses transports par les cloches des églises qui sonnaient le carillon le plus folichon qu'il eût jamais entendu. Ding, din, dong, boum ! boum, ding, din, dong ! Boum ! boum ! boum ! dong ! ding, din, dong ! boum ! « Oh ! superbe, superbe ! »

Courant à la fenêtre, il l'ouvrit et regarda dehors. Pas de brume, pas de brouillard ; un froid clair, éclatant, un de ces froids qui vous égayent et vous ravigotent, un de ces froids qui sifflent à faire danser le sang dans vos veines ; un soleil d'or ; un ciel divin ; un air frais et agréable ; des cloches en gaieté. Oh ! superbe, superbe !

« Quel jour sommes-nous aujourd'hui ? cria Scrooge de sa fenêtre à un petit garçon endimanché qui s'était arrêté peut-être pour le regarder.

— Hein ? répondit l'enfant ébahi.

— Quel jour sommes-nous aujourd'hui, mon beau garçon ? dit Scrooge.

— Aujourd'hui ! repartit l'enfant ; mais c'est le jour de Noël.

— Le jour de Noël ! se dit Scrooge. Je ne l'ai donc pas manqué ! Les esprits ont tout fait en une nuit. Ils peuvent faire tout ce qu'ils veulent ; qui en doute ? certainement qu'ils le peuvent. Holà ! hé ! mon beau petit garçon !

— Holà ! répondit l'enfant.

— Connais-tu la boutique du marchand de volailles, au coin de la seconde rue ?

— Je crois bien !

Un enfant plein d'intelligence ! dit Scrooge. Un enfant remarquable ! Sais-tu

you know whether they've sold the prize Turkey that was hanging up there?—Not the little prize Turkey: the big one?"

"What, the one as big as me?", returned the boy.

"What a delightful boy!" said Scrooge. "It's a pleasure to talk to him. Yes, my buck!"

"It's hanging there now", replied the boy.

"Is it?", said Scrooge. "Go and buy it."

"Walk–er!", exclaimed the boy.

"No, no", said Scrooge, "I am in earnest. Go and buy it, and tell 'em to bring it here, that I may give them the direction where to take it. Come back with the man, and I'll give you a shilling. Come back with him in less than five minutes and I'll give you half–a–crown!"

The boy was off like a shot. He must have had a steady hand at a trigger who could have got a shot off half so fast.

"I'll send it to Bob Cratchit's!", whispered Scrooge, rubbing his hands, and splitting with a laugh. "He shan't know who sends it. It's twice the size of Tiny Tim. Joe Miller never made such a joke as sending it to Bob's will be!"

The hand in which he wrote the address was not a steady one, but write it he did, somehow, and went downstairs to open the street door, ready for the coming of the poulterer's man. As he stood there, waiting his arrival, the knocker caught his eye.

"I shall love it, as long as I live!", cried Scrooge, patting it with his hand. "I scarcely ever looked at it

si l'on a vendu la belle dinde qui était hier en montre ? pas la petite ; la grosse ?

— *Ah ! celle qui est aussi grosse que moi ?*

— *Quel enfant délicieux ! dit Scrooge. Il y a plaisir à causer avec lui. Oui, mon chat !*

— *Elle y est encore, dit l'enfant.*

— *Vraiment ! continua Scrooge. Eh bien, va l'acheter !*

— *Farceur ! s'écria l'enfant.*

— *Non, dit Scrooge, je parle sérieusement. Va acheter et dis qu'on me l'apporte ; je leur donnerai ici l'adresse où il faut la porter. Reviens avec le garçon et je te donnerai un schelling. Tiens ! si tu reviens avec lui en moins de cinq minutes, je te donnerai un écu. »*

L'enfant partit comme un trait. Il aurait fallu que l'archer eût une main bien ferme sur la détente pour lancer sa flèche moitié seulement aussi vite.

« Je l'enverrai chez Bob Cratchit, murmura Scrooge se frottant les mains et éclatant de rire. Il ne saura pas d'où cela lui vient. Elle est deux fois grosse comme Tiny Tim. Je suis sûr que Bob goûtera la plaisanterie ; jamais Joe Miller n'en a fait une pareille. »

Il écrivit l'adresse d'une main qui n'était pas très ferme, mais il l'écrivit pourtant, tant bien que mal, et descendit ouvrir la porte de la rue pour recevoir le commis du marchand de volailles. Comme il restait là debout à l'attendre, le marteau frappa ses regards.

« Je l'aimerai toute ma vie ! s'écria-t-il en le caressant de la main. Et moi qui, jusqu'à présent, ne le regardais jamais, je

before. What an honest expression it has in its face! It's a wonderful knocker!—Here's the Turkey! Hallo! Whoop! How are you! Merry Christmas!"

It was a Turkey! He never could have stood upon his legs, that bird. He would have snapped 'em short off in a minute, like sticks of sealing-wax.

"Why, it's impossible to carry that to Camden Town", said Scrooge. "You must have a cab."

The chuckle with which he said this, and the chuckle with which he paid for the Turkey, and the chuckle with which he paid for the cab, and the chuckle with which he recompensed the boy, were only to be exceeded by the chuckle with which he sat down breathless in his chair again, and chuckled till he cried.

Shaving was not an easy task, for his hand continued to shake very much; and shaving requires attention, even when you don't dance while you are at it. But if he had cut the end of his nose off, he would have put a piece of sticking-plaister over it, and been quite satisfied.

He dressed himself "all in his best", and at last got out into the streets. The people were by this time pouring forth, as he had seen them with the Ghost of Christmas Present; and walking with his hands behind him, Scrooge regarded every one with a delighted smile. He looked so irresistibly pleasant, in a word, that three or four good-humoured fellows said "Good morning, sir! A merry Christmas to you!". And Scrooge said often

crois. Quelle honnête expression dans sa figure ! Ah ! le bon, l'excellent marteau ! Mais voici la dinde ! Holà ! hé ! Houp, houp ! comment vous va ? Un joyeux Noël ! »

C'était une dinde, celle-là ! Non, il n'est pas possible qu'il se soit jamais tenu sur ses jambes, ce volatile ; il les aurait brisées en moins d'une minute, comme des bâtons de cire à cacheter.

« Mais j'y pense, vous ne pourrez pas porter cela jusqu'à Camden-Town, mon ami, dit Scrooge ; il faut prendre un cab. »

Le rire avec lequel il dit cela, le rire avec lequel il paya la dinde, le rire avec lequel il paya le cab, et le rire avec lequel il récompensa le petit garçon ne fut surpassé que par le fou rire avec lequel il se rassit dans son fauteuil, essoufflé, hors d'haleine, et il continua de rire jusqu'aux larmes.

Ce ne lui fut pas chose facile que de se raser, car sa main continuait à trembler beaucoup ; et cette opération exige une grande attention, même quand vous ne dansez pas en vous faisant la barbe. Mais il se serait coupé le bout du nez, qu'il aurait mis tout tranquillement sur l'entaille un morceau de taffetas d'Angleterre sans rien perdre de sa bonne humeur.

Il s'habilla, mit tout ce qu'il avait de mieux, et, sa toilette faite, sortit pour se promener dans les rues. La foule s'y précipitait en ce moment, telle qu'il l'avait vue en compagnie du spectre de Noël présent. Marchant les mains croisées derrière le dos, Scrooge regardait tout le monde avec un sourire de satisfaction. Il avait l'air si parfaitement gracieux, en un mot, que trois ou quatre joyeux gaillards ne purent s'empêcher de l'interpeller « Bonjour, monsieur ! Un joyeux Noël, monsieur ! » Et Scrooge affirma souvent

afterwards, that of all the blithe sounds he had ever heard, those were the blithest in his ears.

He had not gone far, when coming on towards him he beheld the portly gentleman, who had walked into his counting-house the day before, and said "Scrooge and Marley's, I believe?". It sent a pang across his heart to think how this old gentleman would look upon him when they met; but he knew what path lay straight before him, and he took it.

"My dear sir", said Scrooge, quickening his pace, and taking the old gentleman by both his hands. "How do you do? I hope you succeeded yesterday. It was very kind of you. A merry Christmas to you, sir!"

"Mr. Scrooge?"

"Yes", said Scrooge. "That is my name, and I fear it may not be pleasant to you. Allow me to ask your pardon. And will you have the goodness"—here Scrooge whispered in his ear.

"Lord bless me!", cried the gentleman, as if his breath were taken away. "My dear Mr. Scrooge, are you serious?"

"If you please", said Scrooge. "Not a farthing less. A great many back-payments are included in it, I assure you. Will you do me that favour?"

"My dear sir", said the other, shaking hands with him. "I don't know what to say to such munificence—"

"Don't say anything, please", retorted Scrooge. "Come and see

plus tard que, de tous les sons agréables qu'il avait jamais entendus, ceux-là avaient été, sans contredit, les plus doux à son oreille.

Il n'avait pas fait beaucoup de chemin, lorsqu'il reconnut, se dirigeant de son côté, le monsieur à la tournure distinguée qui était venu le trouver la veille dans son comptoir, et lui disant : « Scrooge et Marley, je crois ? » Il sentit une douleur poignante lui traverser le cœur à la pensée du regard qu'allait jeter sur lui le vieux monsieur au moment où ils se rencontreraient ; mais il comprit aussitôt ce qu'il avait à faire, et prit bien vite son parti.

« Mon cher monsieur, dit-il en pressant le pas pour lui prendre les deux mains, comment vous portez-vous ? J'espère que votre journée d'hier a été bonne. C'est une démarche qui vous fait honneur ! Un joyeux Noël, monsieur !

— Monsieur Scrooge ?

— Oui, c'est mon nom ; je crains qu'il ne vous soit pas des plus agréables. Permettez que je vous fasse mes excuses. Voudriez-vous avoir la bonté... (Ici Scrooge lui murmura quelques mots à l'oreille.)

— Est-il Dieu possible ! s'écria ce dernier, comme suffoqué. Mon cher monsieur Scrooge, parlez-vous sérieusement ?

— S'il vous plaît, dit Scrooge ; pas un liard de moins. Je ne fais que solder l'arriéré, je vous assure. Me ferez-vous cette grâce ?

— Mon cher monsieur, reprit l'autre en lui secouant la main cordialement, je ne sais comment louer tant de munifi...

— Pas un mot, je vous prie, interrompit Scrooge. Venez me voir ;

me. Will you come and see me?"

"I will!", cried the old gentleman. And it was clear he meant to do it.

"Thank'ee", said Scrooge. "I am much obliged to you. I thank you fifty times. Bless you!"

He went to church, and walked about the streets, and watched the people hurrying to and fro, and patted children on the head, and questioned beggars, and looked down into the kitchens of houses, and up to the windows, and found that everything could yield him pleasure. He had never dreamed that any walk—that anything—could give him so much happiness. In the afternoon he turned his steps towards his nephew's house.

He passed the door a dozen times, before he had the courage to go up and knock. But he made a dash, and did it:

"Is your master at home, my dear?", said Scrooge to the girl. Nice girl! Very.

"Yes, sir."

"Where is he, my love?", said Scrooge.

"He's in the dining-room, sir, along with mistress. I'll show you upstairs, if you please."

"Thank'ee. He knows me", said Scrooge, with his hand already on the dining-room lock. "I'll go in here, my dear."

He turned it gently, and sidled his face in, round the door. They were looking at the table (which was spread out in great array); for these young housekeepers are

voulez-vous venir me voir ?

— *Oui ! sans doute »*, *s'écria le vieux monsieur. Évidemment, c'était son intention ; on ne pouvait s'y méprendre, à son air.*

« *Merci dit Scrooge. Je vous suis infiniment reconnaissant, je vous remercie mille fois. Adieu ! »*

Il entra à l'église ; il parcourut les rues, il examina les gens qui allaient et venaient en grande hâte, donna aux enfants de petites tapes caressantes sur la tête, interrogea les mendiants sur leurs besoins, laissa tomber des regards curieux dans les cuisines des maisons, les reporta ensuite aux fenêtres ; tout ce qu'il voyait lui faisait plaisir. Il ne s'était jamais imaginé qu'une promenade, que rien au monde pût lui donner tant de bonheur. L'après-midi, il dirigea ses pas du côté de la maison de son neveu.

Il passa et repassa une douzaine de fois devant la porte, avant d'avoir le courage de monter le perron et de frapper. Mais enfin il s'enhardit et laissa retomber le marteau.

« *Votre maître est-il chez lui, ma chère enfant ? dit Scrooge à la servante… Beau brin de fille, ma foi !*

— *Oui, monsieur.*

— *Où est-il, mignonne ?*

— *Dans la salle à manger, monsieur, avec madame. Je vais vous conduire au salon, s'il vous plaît.*

— *Merci ; il me connaît, reprit Scrooge, la main déjà posée sur le bouton de la porte de la salle à manger ; je vais entrer ici, mon enfant. »*

Il tourna le bouton tout doucement, et passa la tête de côté par la porte entrebâillée. Le jeune couple examinait alors la table (dressée comme pour un gala), car ces nouveaux mariés sont

always nervous on such points, and like to see that everything is right.

"Fred!", said Scrooge.

Dear heart alive, how his niece by marriage started! Scrooge had forgotten, for the moment, about her sitting in the corner with the footstool, or he wouldn't have done it, on any account.

"Why bless my soul!", cried Fred. "Who's that?"

"It's I. Your uncle Scrooge. I have come to dinner. Will you let me in, Fred?"

Let him in! It is a mercy he didn't shake his arm off. He was at home in five minutes. Nothing could be heartier. His niece looked just the same. So did Topper when he came. So did Topper when he came. So did the plump sister when she came. So did every one when they came. Wonderful party, wonderful games, wonderful unanimity, wonderful happiness!

But he was early at the office next morning. Oh, he was early there. If he could only be there first, and catch Bob Cratchit coming late! That was the thing he had set his heart upon.

And he did it; yes, he did! The clock struck nine. No Bob. A quarter past. No Bob. He was full eighteen minutes and a half behind his time. Scrooge sat with his door wide open, that he might see him come into the Tank.

His hat was off, before he opened the door; his comforter too. He was on his stool in a jiffy;

toujours excessivement pointilleux sur l'élégance du service : ils aiment à s'assurer que tout est comme il faut.

« Fred ! » dit Scrooge.

Dieu du ciel ! comme sa nièce par alliance tressaillit ! Scrooge avait oublié, pour le moment, comment il l'avait vue assise dans son coin, un peu souffrante, sans quoi il ne serait point entré de la sorte ; il n'aurait pas osé.

« Dieu me pardonne ! s'écria Fred, qui est donc là ?

— C'est moi, votre oncle Scrooge ; je viens dîner. Voulez-vous que j'entre, Fred ? »

S'il voulait qu'il entrât ! Peu s'en fallut qu'il ne lui disloquât le bras pour le faire entrer. Au bout de cinq minutes, Scrooge fut à son aise comme dans sa propre maison. Rien ne pouvait être plus cordial que la réception du neveu ; la nièce imita son mari ; Topper en fit autant, lorsqu'il arriva, et aussi la petite sœur rondelette, quand elle vint, et tous les autres convives, à mesure qu'ils entrèrent. Quelle admirable partie, quels admirables petits jeux, quelle admirable unanimité, quel admirable bonheur !

Mais le lendemain, Scrooge se rendit de bonne heure au comptoir, oh ! de très bonne heure. S'il pouvait seulement y arriver le premier et surprendre Bob Cratchit en flagrant délit de retard ! C'était en ce moment sa préoccupation la plus chère.

Il y réussit ; oui, il eut ce plaisir ! L'horloge sonna neuf heures, point de Bob ; neuf heures un quart, point de Bob. Bob se trouva en retard de dix-huit minutes et demie. Scrooge était assis, la porte toute grande ouverte, afin qu'il le pût voir se glisser dans sa citerne.

Avant d'ouvrir la porte, Bob avait ôté son chapeau, puis son cache-nez : en un clin d'œil, il fut installé sur son tabouret et

driving away with his pen, as if he were trying to overtake nine o'clock.

"Hallo!", growled Scrooge, in his accustomed voice, as near as he could feign it. "What do you mean by coming here at this time of day?"

"I am very sorry, sir", said Bob. "I am behind my time."

"You are?", repeated Scrooge. "Yes. I think you are. Step this way, sir, if you please."

"It's only once a year, sir", pleaded Bob, appearing from the Tank. "It shall not be repeated. I was making rather merry yesterday, sir."

"Now, I'll tell you what, my friend", said Scrooge, "I am not going to stand this sort of thing any longer. And therefore", he continued, leaping from his stool, and giving Bob such a dig in the waistcoat that he staggered back into the Tank again; "and therefore I am about to raise your salary!"

Bob trembled, and got a little nearer to the ruler. He had a momentary idea of knocking Scrooge down with it, holding him, and calling to the people in the court for help and a strait-waistcoat.

"A merry Christmas, Bob!", said Scrooge, with an earnestness that could not be mistaken, as he clapped him on the back. "A merrier Christmas, Bob, my good fellow, than I have given you, for many a year! I'll raise your salary, and endeavour to assist your struggling family, and we will discuss your affairs this very afternoon, over a Christmas bowl of smoking bishop, Bob! Make up

se mit à faire courir sa plume, comme pour essayer de rattraper neuf heures.

« *Holà ! grommela Scrooge, imitant le mieux qu'il pouvait son ton d'autrefois ; qu'est-ce que cela veut dire de venir si tard ?*

— Je suis bien fâché, monsieur, dit Bob. Je suis en retard.

— En retard ! reprit Scrooge. En effet, il me semble que vous êtes en retard. Venez un peu par ici, s'il vous plaît.

— Ce n'est qu'une fois tous les ans, monsieur, dit Bob timidement en sortant de sa citerne ; cela ne m'arrivera plus. je me suis un peu amusé hier, monsieur.

— Fort bien ; mais je vous dirai, mon ami, ajouta Scrooge, que je ne puis laisser plus longtemps aller les choses comme cela. Par conséquent, poursuivit-il, en sautant à bas de son tabouret et en portant à Bob une telle botte dans le flanc qu'il le fit trébucher jusque dans sa citerne ; par conséquent, je vais augmenter vos appointements ! »

Bob trembla et se rapprocha de la règle de son bureau. Il eut un moment la pensée d'en assener un coup à Scrooge, de le saisir au collet et d'appeler à l'aide les gens qui passaient dans la ruelle pour lui faire mettre la camisole de force.

« *Un joyeux Noël, Bob ! dit Scrooge avec un air trop sérieux pour qu'on pût s'y méprendre et en lui frappant amicalement sur l'épaule. Un plus joyeux Noël, Bob, mon brave garçon, que je ne vous l'ai souhaité depuis longues années ! Je vais augmenter vos appointements et je m'efforcerai de venir en aide à votre laborieuse famille ; ensuite cette après-midi nous discuterons nos affaires sur un bol de Noël rempli d'un bischoff fumant, Bob ! Allumez les deux feux ; mais avant de*

the fires, and buy another coal-scuttle before you dot another I, Bob Cratchit!"

mettre un point sur un i, Bob Cratchit, allez vite acheter un seau neuf pour le charbon. »

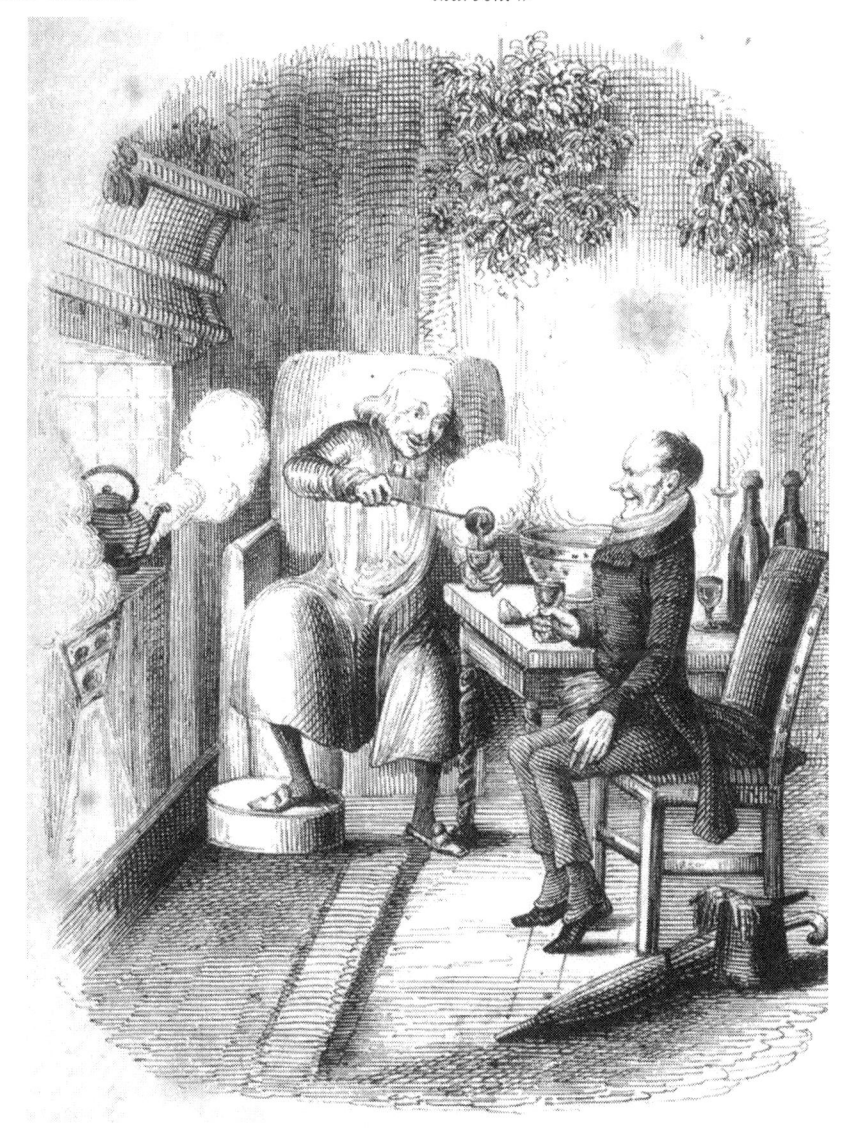

(Scrooge and Bob Cratchit) – (Scrooge et Bob Cratchit partageant un punch fumant)

Scrooge was better than his word. He did it all, and infinitely more; and to Tiny Tim, who did not die, he was a second father. He

Scrooge fit encore plus qu'il n'avait promis ; non seulement il tint sa parole, mais il fit mieux, beaucoup mieux. Quant à Tiny Tim, qui ne mourut pas, Scrooge

became as good a friend, as good a master, and as good a man, as the good old city knew, or any other good old city, town, or borough, in the good old world. Some people laughed to see the alteration in him, but he let them laugh, and little heeded them; for he was wise enough to know that nothing ever happened on this globe, for good, at which some people did not have their fill of laughter in the outset; and knowing that such as these would be blind anyway, he thought it quite as well that they should wrinkle up their eyes in grins, as have the malady in less attractive forms. His own heart laughed: and that was quite enough for him.

He had no further intercourse with Spirits, but lived upon the Total Abstinence Principle, ever afterwards; and it was always said of him, that he knew how to keep Christmas well, if any man alive possessed the knowledge. May that be truly said of us, and all of us! And so, as Tiny Tim observed, God bless us, everyone!

fut pour lui un second père. Il devint un aussi bon ami, un aussi bon maître, un aussi bon homme que le bourgeois de la bonne vieille Cité, ou de toute autre bonne vieille cité, ville ou bourg, dans le bon vieux monde. Quelques personnes rirent de son changement ; mais il les laissa rire et ne s'en soucia guère ; car il en savait assez pour ne pas ignorer que, sur notre globe, il n'est jamais rien arrivé de bon qui n'ait eu la chance de commencer par faire rire certaines gens. Puisqu'il faut que ces gens-là soient aveugles, il pensait qu'après tout il vaut tout autant que leur maladie se manifeste par les grimaces, qui leur rident les yeux à force de rire, au lieu de se produire sous une forme moins attrayante. Il riait lui-même au fond du cœur ; c'était toute sa vengeance.

Il n'eut plus de commerce avec les esprits ; mais il en eut beaucoup plus avec les hommes, cultivant ses amis et sa famille tout le long de l'année pour bien se préparer à fêter Noël, et personne ne s'y entendait mieux que lui : tout le monde lui rendait cette justice. Puisse-t-on en dire autant de vous, de moi, de nous tous, et alors, comme disait Tiny Tim : « Que Dieu nous bénisse, tous tant que nous sommes ! »

THE END

FIN

Thank you

Dear reader, thank you for reading this book/ebook.

If you have met with any problems, misprints or anything else you would like to tell me about, please send an email directly to Kentauron Publishers (kentauron@kentauron.com). You'll receive a new copy of this eBook.

If you enjoyed it, you can leave a review at the store where you purchased it. Apart from being much appreciated it will be an incentive for new publications.

Happy reading!

More from Kentauron

Short Stories
- Jack's Wagers (Le scommesse di Jack) (Wirton Arvel)
- Time House (La casa del tempo) (Wirton Arvel)

Prose Poems & Poetic Stories
- Wandering among the stars (Vagabondando fra le stelle) (Wirton Arvel)

Novels
- La clessidra vuota (Brunella Pernigotti)

Fairy Tales
- Facciamo finta che… (Brunella Pernigotti)

Bilingual Parallel Text Editions (English – Italian and other Languages)
- The Wonderful Wizard of Oz - Il Meraviglioso Mago di Oz (L. Frank Baum)
- Alice's Adventures in Wonderland - Le Avventure di Alice nel Paese delle Meraviglie (Lewis Carroll)
- A Christmas Carol - Cantico di Natale (Charles Dickens)
- The Rime of the Ancient Mariner - La Ballata del Vecchio Marinaio (Samuel Taylor Coleridge)
- 101 poems to read in London & New York... - 101 poesie da leggere a Londra e New York...: (Best English Poetry Collection from Shakespeare to early 20th century)
- The Subjection of Women - La servitù delle donne (John Stuart Mill)
- Carmina - Poesie (Gaio Valerio Catullo)
- Cinderella - Cenerentola (Charles Perrault)

- Three Men in a Boat - Tre uomini in barca (Jerome K. Jerome)
- Le Petit Prince – Il Piccolo Principe (Antoine de Saint-Exupéry)
- Jack's Wagers - Le scommesse di Jack (Wirton Arvel)

Poetry Collections
- Aedi, Bardi e Poeti - Cantori, Trovatori e Vati (Antologia della Poesia: XII-XIV secolo ([con poesie Occitane e Italiane])
- 101 Poems to Read in London & New York.. or Easily from Home… (Antologia della poesia inglese, da Shakespeare ai primi del '900)

For an updated list of his works and to find out more details of all books written or edited by Wirton Arvel, please visit main online stores (Amazon Store http://smarturl.it/ Kentauron)

Kentauron

http://smarturl.it/Kentauron

News and book promotions

To keep up-to-date with the latest forthcoming publications and promotions, subscribe here:

http://smarturl.it/eBooksNews

or follow us on Twitter (@KentauronS) and Facebook. (https://www.facebook.com/Kentauron)

Printed in Great Britain
by Amazon